JN212971

現役不動産マンの
ツイッタラー集団が作る!

稼げる会社が分かる!

不動産就活2.0

全宅ツイ

まえがき

全宅ツイのグルや。みんな「全宅ツイって何や?」と思っとるはずやから、最初に少しだけ説明させてもらうわ。

全宅ツイ(全国宅地建物取引ツイッタラー協会)は不動産業者として働きながら、業務中の際どい体験やトラブルを呟くツイッターユーザーの集まりや。わしは不動産の売買・賃貸の仲介などを行うブローカーとして稼ぎ、他にも財閥系企業のデベロッパー、外資系ファンドのエリート社員、建築士、不動産鑑定士などいろんな現役業者が集まっとる。最近ではnoteいうサイトで「全宅ツイ不動産チンパンジー情報」という記事もまとめてて、日々話題の不動産関連のニュースを解説しとる。

そんなわしらも、もちろんひと昔前は着慣れないスーツを着て、就職活動をしとった。まだスマホなんか無く、就活本やOB・OG訪問を頼りに、手書きのエントリーシートで就活しとった時代や。就活サイトは今ほど充実しとらんかったし、企業情報はほとんど簡単な業務案内や業績、社員数が確認できる程度で、詳しい事情を手に入れる手段は皆無やった。今もそうやけど、昔から不動産屋いうたらひとクセもふたクセもある社員の集まりや。怒鳴って机叩いて当たり前、ブラック企業ばっかりや。

今は実際に勤める社員や元社員が、評価を書き込んだ就活サイトがあるからわしらの頃よりかは便利かもしれん。けど業界の全体像が分かるかというと、そうやない。

街を造るデベロッパーと一戸建て販売会社の関係とか、駅前にある街の不動産業者と全国チェーンの賃貸業者の関係とか、一番重要なところがグレーなところは昔と一緒や。いやらしい話、業者の中でも上下関係がある。まとまった金が動く関係とそうやない関係がある。わしももともと不動産なんかまったく興味が無く、新卒で入った会社で偶然配属されたことがきっかけやけど、ほんまの業界事情を分かっといたら、違った選択肢が取れたんやないかと、今でも思っとる。

この本は、そんなわしの実感も踏まえながら、他の全宅ツイのメンバーと一緒に「不動産業を志望する学生・社会人が事前に知っておいて得する不動産業界の全体像」に力を入れて書いとる。中にはメンバーが過去に経験した（やらかした）エピソードもあるけど、基本的には知っておいて役に立つことばっかりや。おっかない先輩やしょうもない上司もぎょうさん書いたけど、この辺は反面教師いうやつや。

給料のこと、人間関係のこと、福利厚生のこと。本当に先に知りたいことをまとめて、わしらも本音で話しとる。シビアかもしれんけど、読んでもらえれば今の不動産業とこれからも見えてくるはずや。

どないな形でも、この本が助けになれば幸いや。

令和元年9月吉日

全宅ツイのグル

稼ぐための本音が満載！不動産就活2.0 目次

Part 1

多少のアクシデントは当たり前!?

不動産マンの就活体験記

まずは、全宅ツイの会員が就活で体験したエピソードを紹介。就活する側、採用する側いずれも真剣なゆえに、面接などの場では、つい本音がこぼれ出てしまう。不動産マンたちは、はたしてどのように就活の正念場を潜り抜けたのか!?

三段論法

入社面接時
お父さんは何されてる方？
お母さんは？
自分の経歴よりやけに親の事を聞かれると思ったら
入社後営業成績を出せずにいると
お前自分が売ってる物を本気でいいと思ってるのか!!
本気で思わなきゃお客にも伝わらんぞ！
そう思うなら親にも買わせろ――!!
え――っ!!?
謎の三段論法で物件を親に買わされた…

心配

お父さん私人事の人から飲みに行こうって誘われたから行ってくる
お前それ大丈夫なのか…？
そこまでしなくても…

だって…内定ほしいの…！
私、お父さんみたいな小さい会社じゃなくて上場企業に入りたいの…！
そこまで言わなくても…

手口

内定前の会社にフレンチのコースに誘ってもらった
ホラ食べて食べて！
飲んで飲んで！
いい会社だなァ…
キミ…ウチに入るよね？
ふぁい…
ポー…
よし！言質とったぞ!!
コレが手口…!!

売ればいいだけ

歩合率!? そんなの聞かなくていいっしょ
売ればいいだけっしょ?
いいね! その意気だ!
面接でそう言って入社した同期が
3ヶ月実績ゼロで
ピクピク…
やってられるか!
なんで?
上司殴って辞めていきました

正直に

最終面接にて
ココで内定を出したら来てくれますか？
ズラ――…
ちゃんと言わなきゃ…正直に…正直に…
B社と迷ってます！
キリッ
落ちました

空白の時間

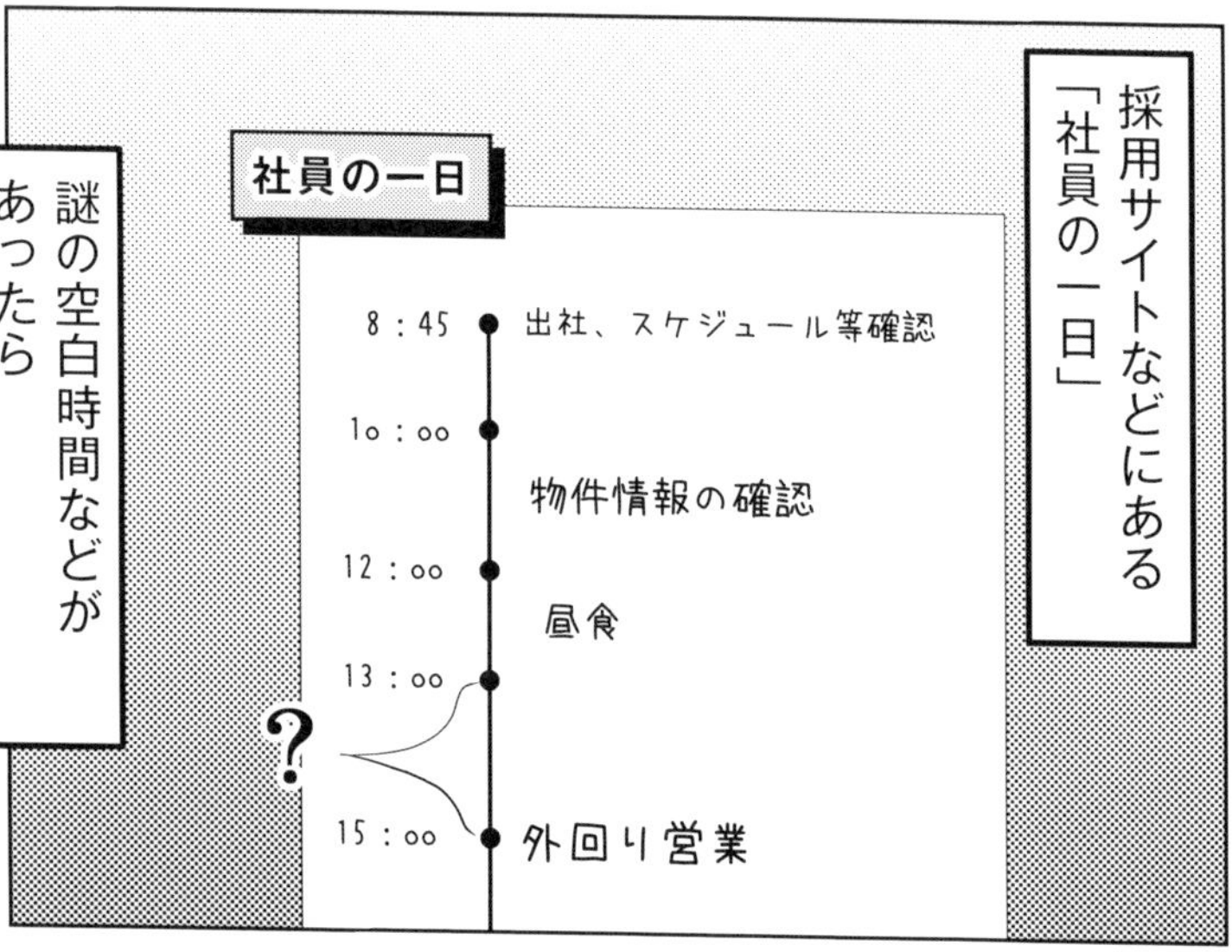
採用サイトなどにある「社員の一日」
社員の一日
8：45 出社、スケジュール等確認
10：00
物件情報の確認
12：00
昼食
13：00
?
15：00 外回り営業
謎の空白時間などがあったら

そこは「上司（あるいは客）に怒鳴られる」が抜けてるものとして読んで下さい
13：00
怒鳴られる
15：00
あ？コラ…!!
す…すいません…!!

条件

ウチは女性も活躍してます！
営業もありません！
それなら私でも…
そう言われて入った会社なのに…
めちゃめちゃ外回りしとるやん…
ヒールキッ…
カッカッ
カッカッ
条件やアピールは話半分くらいの信頼度で読むが吉…！

響いた言葉

何か特技は？
えー…フォトショップなど…

フォトショが使える…!?
物件の写真をレタッチして広く見せる…!
審査が通るように客の預金残高を偽造できる！
¥10,000,000
その言葉が面接官に響いた…!!!!

志望動機

とある75歳の人から入社希望の書類が届いたので見てみると
入社希
スッ…
手書き…!?
果たし状みたいだな

そこに書いてあった志望動機は
志望動機 一花咲かせたい
知らないよ そんなの…

Part 2

力関係が秒で分かる！
不動産業界カースト図

すべての不動産業務は、左のカースト図の上から下へと流れていく。逆の流れはありえない。カーストを間違えると、やりたいことが一生できなくなるかもしれない。自分がやりたいことと合わせて必ず確認してほしい。

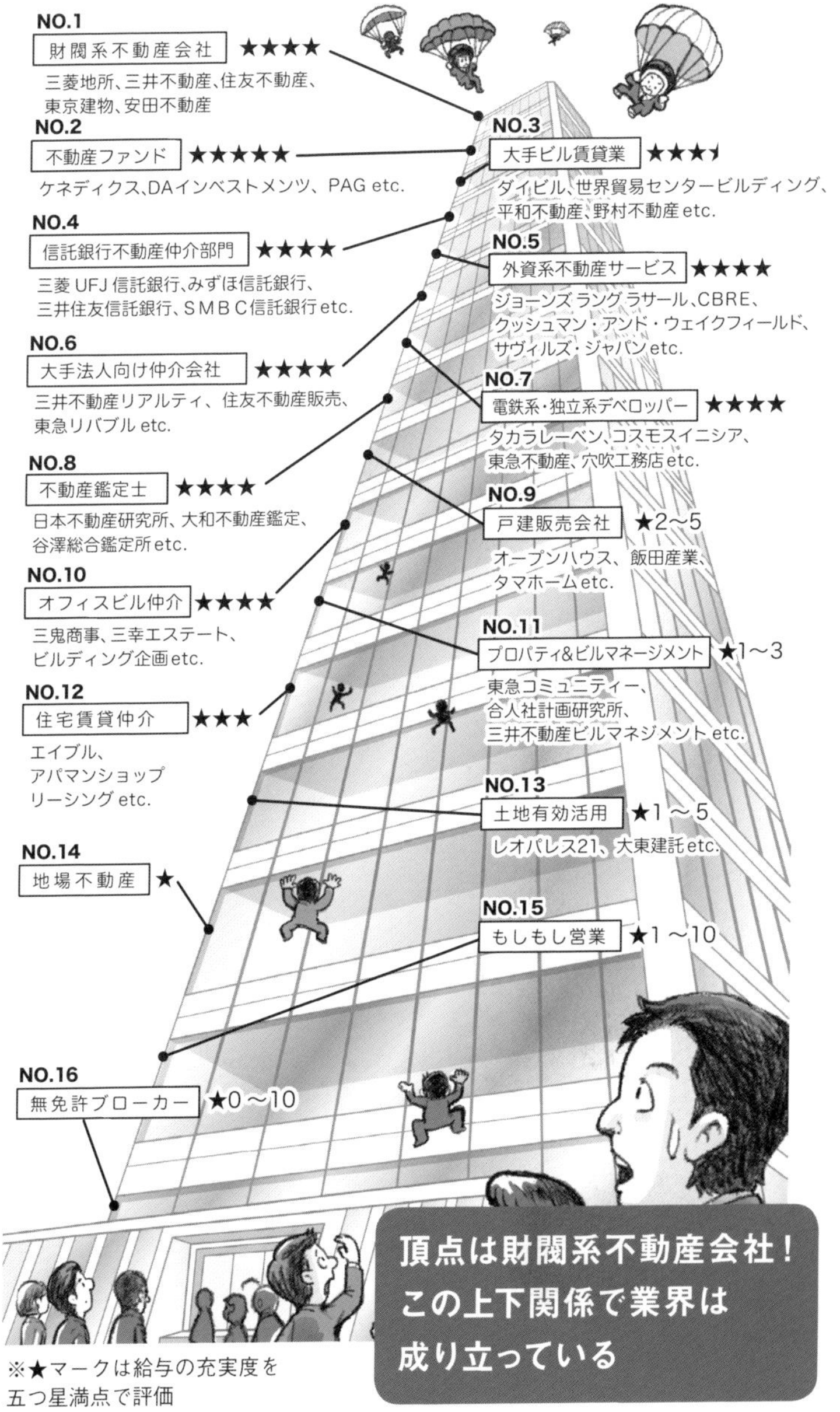
NO.1
財閥系不動産会社 ★★★★
三菱地所、三井不動産、住友不動産、東京建物、安田不動産
NO.2
不動産ファンド ★★★★★
ケネディクス、DAインベストメンツ、PAG etc.
NO.3
大手ビル賃貸業 ★★★
ダイビル、世界貿易センタービルディング、平和不動産、野村不動産 etc.
NO.4
信託銀行不動産仲介部門 ★★★★
三菱UFJ信託銀行、みずほ信託銀行、三井住友信託銀行、SMBC信託銀行 etc.
NO.5
外資系不動産サービス ★★★★
ジョーンズ ラング ラサール、CBRE、クッシュマン・アンド・ウェイクフィールド、サヴィルズ・ジャパン etc.
NO.6
大手法人向け仲介会社 ★★★★
三井不動産リアルティ、住友不動産販売、東急リバブル etc.
NO.7
電鉄系・独立系デベロッパー ★★★★
タカラレーベン、コスモスイニシア、東急不動産、穴吹工務店 etc.
NO.8
不動産鑑定士 ★★★★
日本不動産研究所、大和不動産鑑定、谷澤総合鑑定所 etc.
NO.9
戸建販売会社 ★2〜5
オープンハウス、飯田産業、タマホーム etc.
NO.10
オフィスビル仲介 ★★★★
三鬼商事、三幸エステート、ビルディング企画 etc.
NO.11
プロパティ&ビルマネージメント ★1〜3
東急コミュニティー、合人社計画研究所、三井不動産ビルマネジメント etc.
NO.12
住宅賃貸仲介 ★★★
エイブル、アパマンショップリーシング etc.
NO.13
土地有効活用 ★1〜5
レオパレス21、大東建託 etc.
NO.14
地場不動産 ★
NO.15
もしもし営業 ★1〜10
NO.16
無免許ブローカー ★0〜10
頂点は財閥系不動産会社！
この上下関係で業界は
成り立っている
※★マークは給与の充実度を五つ星満点で評価

NO.1
財閥系不動産会社

頂点に君臨する御三家 三井、三菱、住友

2019年3月期の不動産売上高トップ5は、1位　三井不動産、2位　三菱地所、3位　住友不動産、4位　東急不動産ホールディングス、5位　野村不動産ホールディングス。トップ3はすべて財閥系。これに加え、安田財閥の流れを汲む東京建物、安田不動産も最上位に君臨する。これらの企業に入社できれば、最も恵まれた環境で経験を積める。転職もしやすければキャリアプランも立てやすい。

NO.2
不動産ファンド

不動産投資のプロ集団で紛れもないエリート

投資家から集めた資金をもとに不動産を運用し、その収益を投資家に分配する不動産ファンド。資金を集める仕事、運用する仕事などさまざまな業務があるが、いずれにせよエリート以外のなにものでもない。新卒採用は少なく、中途で入るしかない場合が多いが、カースト上位にはこういう人たちがいることを念頭に、転職を踏まえて自分のキャリアプランを立てるのも賢い方法のひとつだろう。

NO.3
大手ビル賃貸業

デンと鎮座していればＯＫ 地主のパワーがここに

ほっといても持ちビルから入ってくる賃貸料で社員全員を養えるので、ゴリゴリ仕事をする必要がない。〝まったり〟業種の極北。同じ不動産業界でも、一件成約するか否かが生死にかかわる世界もあれば、こういう世界もあるのだ。会社の純資産を社員数で割るとその会社のリアルな体力が出るので、それも参考にしてみたい。ちなみに、新卒の採用数は少なく、狭き門であることは否めない。

NO.4
信託銀行不動産仲介部門

大手デベロッパーも頭が上がらない存在

大手デベロッパーでさえ頭を下げるのが信託銀行の不動産仲介部門。彼らに便宜を図ってもらわないと、マンション用地が買えないからだ。大規模マンション開発地区の入札時には特に頭が上がらない。そういった意味で順位は高い。給料も高い。早めに転籍、出向させられる可能性はあるが、40過ぎまでは盤石か。ただ、入社後に不動産仲介部門へ配属される確率が低いことは念頭に入れておこう。

NO.5
外資系不動産サービス

中途でここに入るべく
キャリアプランを意識

日本に進出したい、日本のビルを借りたいという外資系企業に対し、不動産に関する相談全般（コンサルティング）を行う。テナントレップともいう。競争が激しく個人主義なので、手取り足取りの教育は期待できない。中途採用で入社してキャリアアップを狙いたい。いったんこの業種に入っておけば、不動産業務の幅も広がり、箔がつく。その後の転職にも有利になるカードだ。

NO.6
大手法人向け仲介会社

大手企業相手に大きな
金額を動かせる醍醐味

なんといっても、クライアントが大手法人（大手企業）なのが強い。オフィスや店舗などの物件を賃貸するにしても売買するにしても、相手が大手ゆえにひとつひとつの案件で動く金額がかなり大きい。投資を目的とした物件のやりとりを仲介する仕事もあり、全般的にやりがいがあると言われている。ただ、子会社だと給料は安めで、インセンティブも減少傾向にあるのがたまにキズ。

NO.7
電鉄系・独立系デベロッパー

給料は高くも安くもなく…
マンション専門は避けよう

デベロッパーには、旧財閥系(三菱地所レジデンス、三井不動産レジデンシャル、住友不動産)、電鉄系(東急不動産)、独立系(タカラレーベンなど)、ハウスメーカー系(積水ハウスなど)がある。独立系は主に分譲マンション事業を展開し、給料は高くも安くもない。現在は分譲マンション事業が下火になりつつあるので、賃貸マンション事業やビル開発事業を展開する会社を選ぼう。

NO.8
不動産鑑定士

難関国家資格であり
「先生」と呼ばれる士業

司法試験、公認会計士試験と並び三大文系難関国家資格ともいわれる不動産鑑定士。この資格さえあれば、不動産鑑定事務所を始め、信託銀行、証券会社、監査法人、リートの運用会社、不動産会社、商社、官公庁など多岐にわたる就職先が保証されている。大手不動産鑑定会社から外資系金融に転職したりもできる。「先生」と呼ばれる士業なので、ある種の自尊心(?)も満たすかもしれない。

NO.9
戸建販売会社

長居するほど業種を超えての転職が難しい

大規模から小規模まで、土地を買って戸建を売るのが仕事。売れば売るほど給料は上がり、1000万円プレーヤーも多く見られるが、将来的には厳しい業種かもしれない。郊外が戦場にもかかわらず、郊外の不動産を買う人は年々減少し、戸建の事業が成立するエリアは狭まるばかり。3~5年でノウハウはすべて学べるので、第二新卒のうちにさっくり他の業種に転職することをお勧めする。

NO.10
オフィスビル仲介

中小企業がメインのクライアントに

賃貸事務所・賃貸オフィスの仲介を専門に、新規開設のプランニングから入居まで多岐にわたる業務を行う。大手法人向けより規模は小さくなるが、中小を中心にバリエーション豊かな企業と取引できるのが魅力だ。規模や予算の大きい仕事がしたい人には不向き。総合的な不動産知識こそつけられないが、仲介業を専門としてキャリアを深めていきたい人には適しているかもしれない。

NO.11
プロパティ&ビルマネージメント

テナントと大家に挟まれサンドバッグ状態!?

　大家から委託され、オフィスビル、商業施設などの不動産資産の運用を行う。空室の募集、契約締結業務、賃料の回収、トラブル時の対応、工事発注・管理などを行うのがプロパティマネージメント。日常清掃、設備の管理・点検、警備業務などを行うのがビルマネージメント。テナントと大家に挟まれてのサンドバッグ状態がなかなか苦しい。大事な仕事だがあまり目立たず、給料は安い……。

NO.12
住宅賃貸仲介

骨をうずめてやりきるか小さな独立を目指すか

　全国展開している街の不動産屋さん。フランチャイズの場合、本社に就職すればAM（アセットマネージメント）業務などを担当できるかもしれない。そうでない場合は、その後の転職にあまり応用が利かないのが難点だ。自社で管理をしている物件の大家と仲良くなりさえすれば、容易に物件情報を得ることができるようになるので、小さな規模で独立を目指すのには向いているともいえる。

NO.13
土地有効活用

人生逆転&成り上がりのチャンスがここに!?

地主や大家に「賃貸アパート建てませんか?／アパートの運用を任せてくれませんか?」とひたすら突撃しまくり、できなければ上司に詰められるという仕事内容ゆえ、メンタルの強さは必須。メリットは経歴不問なところ。これまでの学歴、経歴に自信がなくても、折れない心で結果を残せれば1000万円オーバーも可能。人生逆転&成り上がりのチャンスは、ゴロゴロ転がっている。

NO.14
地場不動産

業務は洗練されてなくとも地場コネクションで長生き

イメージとしては、商店街で賃貸物件の仲介をしながら不動産の管理を行う自営の不動産屋さん。和気あいあいとやっているところも多く、地元が好きならアリ（学べることは少ないが）。地場コネクションで充分生きていけるのが特長。就職前には、店頭に貼りだしてある不動産免許の（　）内の数字をチェック。数字が大きいほど、免許を長年にわたって更新し続けてきた会社ということだ。

NO.15
もしもし営業

ひたすら不動産投資の電話をかけ続ける…

無差別に電話をひたすらかけ続けて、毎日アポイントメントをとりまくる。電話番号のリストは名簿屋で購入したり、自分のツテをたどったり……。営業内容は主に、ワンルームマンションなどへの不動産投資。ガチャ切りが当たり前なので、タフなメンタルは必須。不動産に関する専門知識を身に付けづらいが、他業種でも通じる営業力と、2000万円を超える年収が手に入れられるかも。

NO.16
無免許ブローカー

腕一本で生きていく無頼派に憧れるなら

宅建の免許を持たないブローカーのこと。「こんな不動産を売りたい」という売り主の情報を持っている仲介業者と、「こんな不動産を買いたい」という買い主の情報を持っている仲介業者をつなぐことで手数料を獲得する。5億円の不動産で手数料が1%なら、それだけで500万円。このように、腕さえあれば生きていけるが、ダメな人はすぐ消える。情報とつながりが命。無頼派で生きたい人向け。

Part 3

就活前に知っておきたい
不動産企業42選
【前編：ア〜サ行】

カースト図で業界全体の力関係をつかんだら、各分野の企業をチェック。業務内容、給料、福利厚生、職場の人間関係etc．業界の中の人のリアルな声に耳を傾けてみよう。新卒採用の有無は年度により異なるのでHPを要確認。

●企業名の右に入るマークはP.19のカースト図と対応しています。企画内の評価やデータは、全宅ツイ会員によるツイートとアンケートを元に作成しています。

LIST 01

株式会社アパマンショップリーシング

NO.12
住宅賃貸仲介

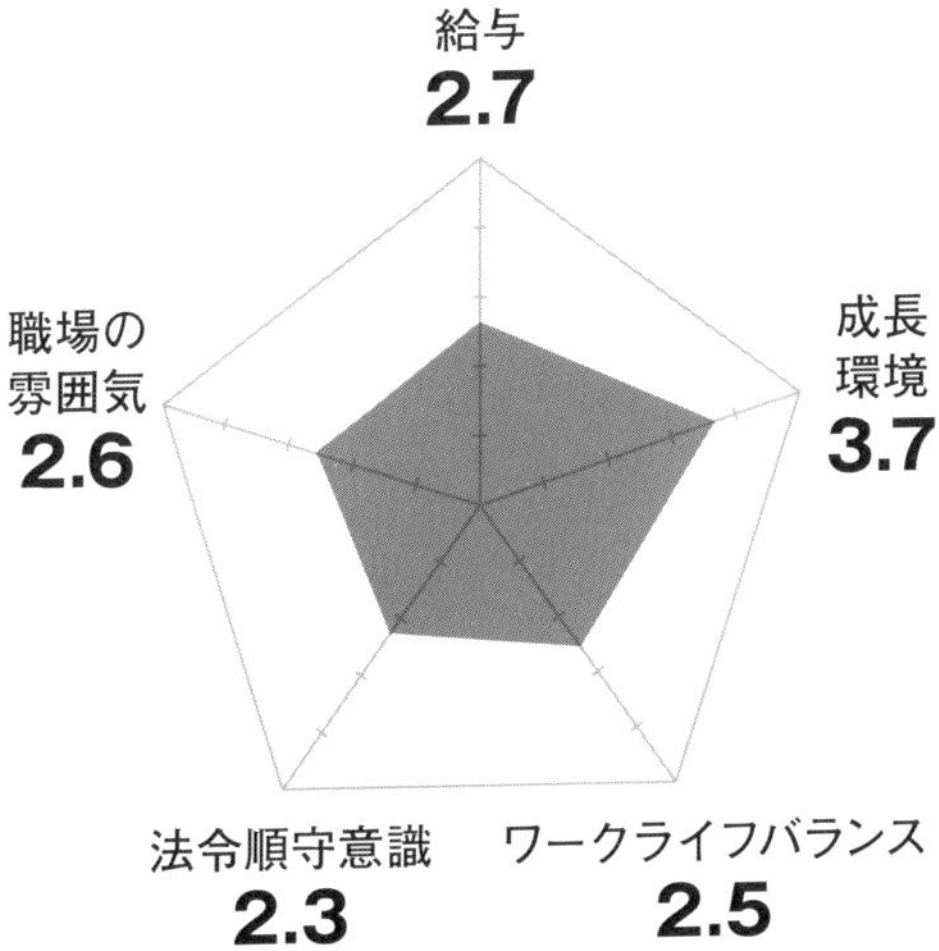

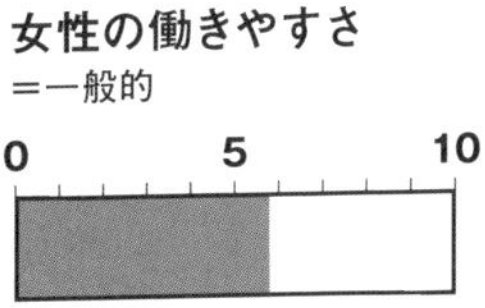

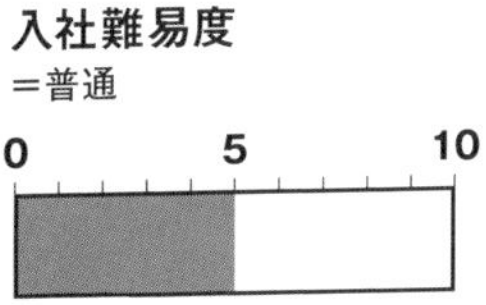

休みも稼ぎもキツさもすべて部署&店舗次第

賃貸物件の仲介屋さん。以前は「体育会系」と言われていたが、現在は改善。部署や店舗次第で待遇やノルマのバラつきが大きい。営業職の場合、売上に応じて歩合があり、家賃が高い地域なら比較的稼ぎやすい。管理職になるほど業務と収入が見合わない、休めないなどの苦悩が頻出。業務限定社員は給与が低めながら、休日を調整しやすく産休・育休後の復帰も多い。

LIST 02
株式会社飯田産業

NO.9
戸建販売会社

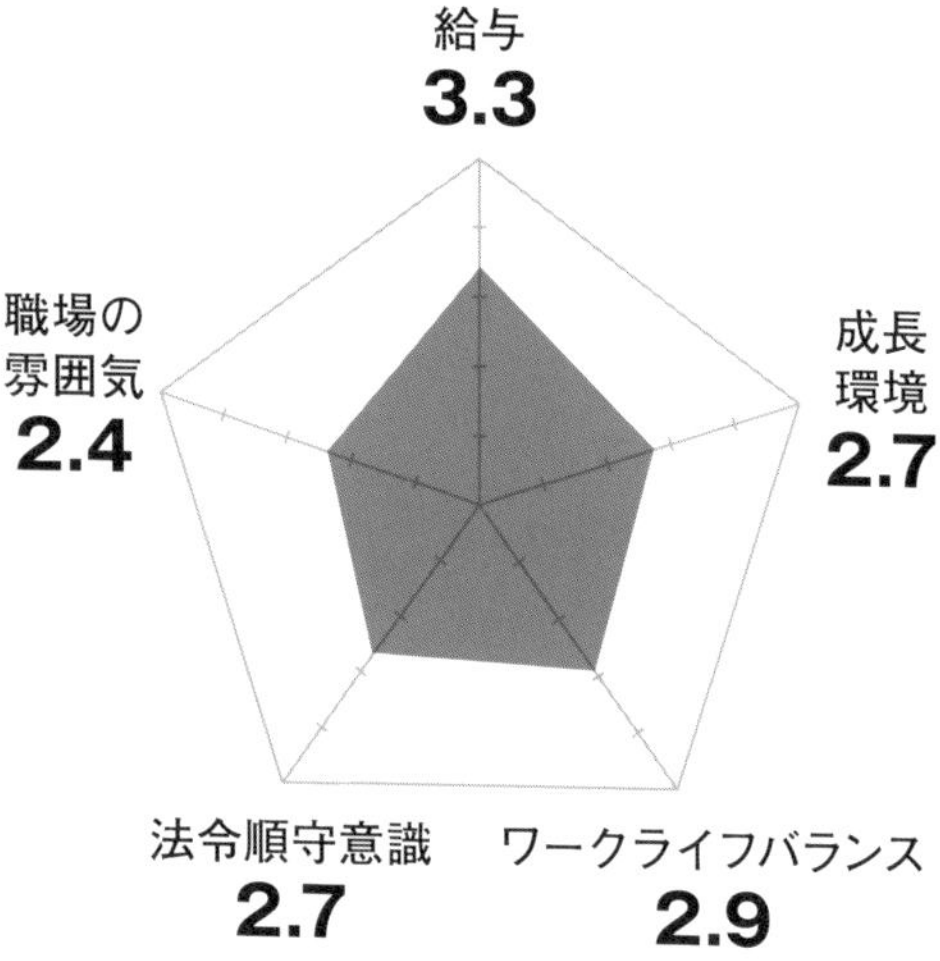

女性の働きやすさ
＝一般的

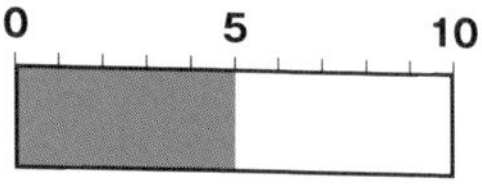

入社難易度
＝普通

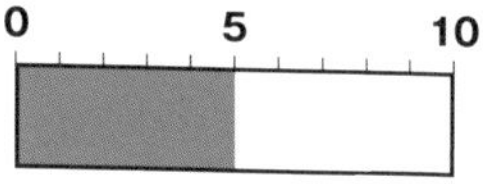

体育会系になじめれば
やりがいの多い会社

戸建分譲住宅などを作って売るマイホーム屋さん。企画から販売まで一通りの知識が得られるメリットはあるが（そうしないと生き残れない）、社風はかなり体育会系。それを活気があると捉えるか、古いと捉えるかで居心地は大きく変わってくる。自分が出した結果や評価は実感しやすい傾向。プライベートを確保できるか否かは、上司や自分の実績に大きく左右される。

LIST 03

WeWork Japan 合同会社

その他

不動産テック

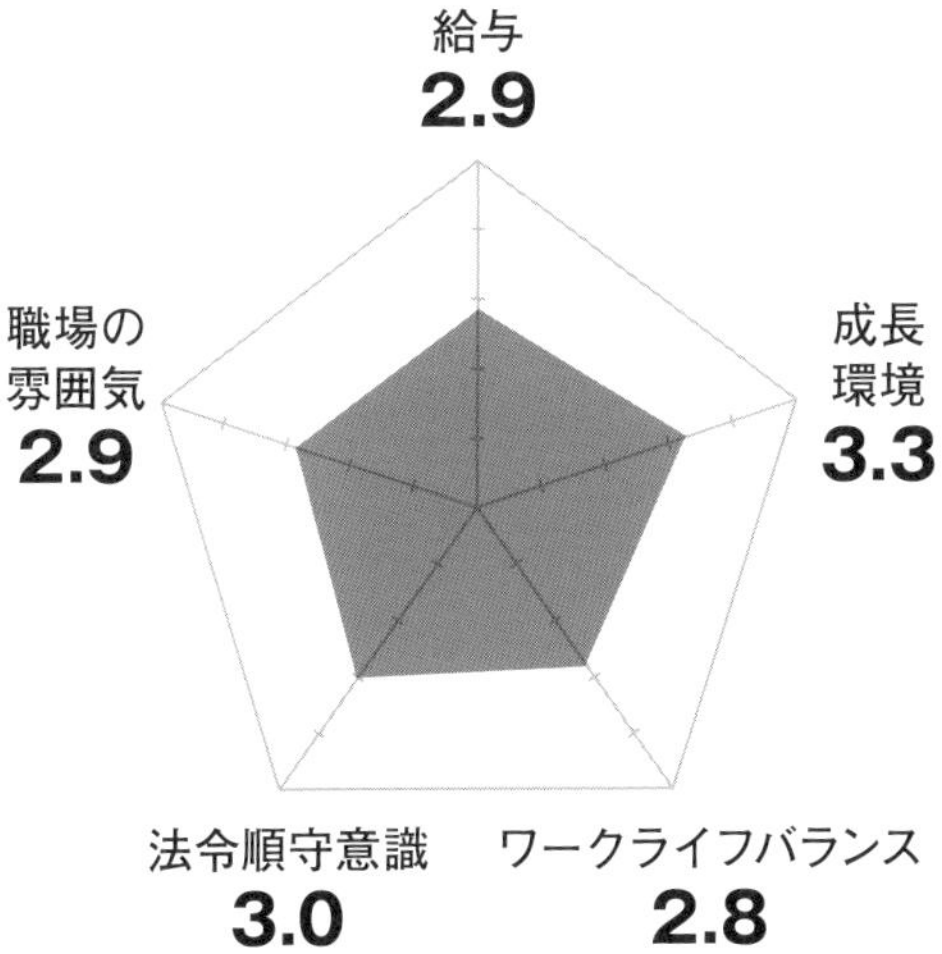

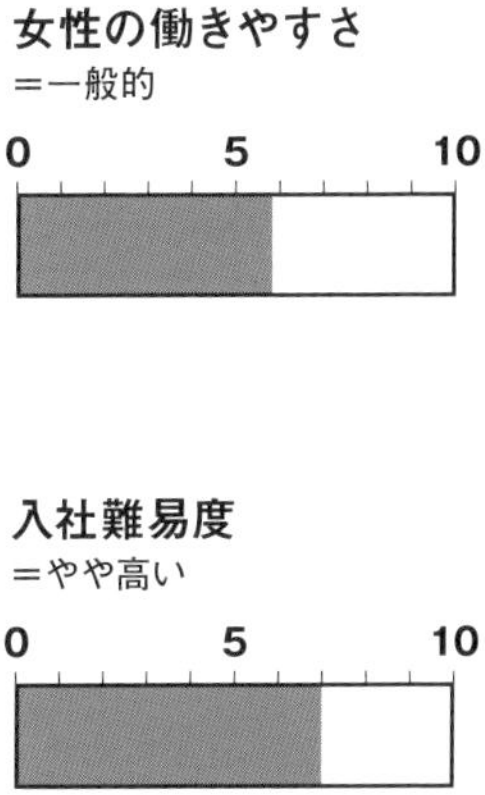

潤沢な資金力で急速展開中 NYからの黒船企業

コワーキングスペース的な空間を提供するレンタルオフィス屋さん。人を引き抜きビルを借りまくり、目下成長中。2018年の大型賃貸ビルの7%は同社が借りたもの。本社はNY、上層部もアメリカからの赴任者が多い。スタートアップなので成長スピードや刺激はすごいが、従業員へのケアは乏しい。個人プレーでバリバリ働きたい人、英語スキルを身に付けたい人向け。

LIST 04
株式会社エイブル

NO.12
住宅賃貸仲介

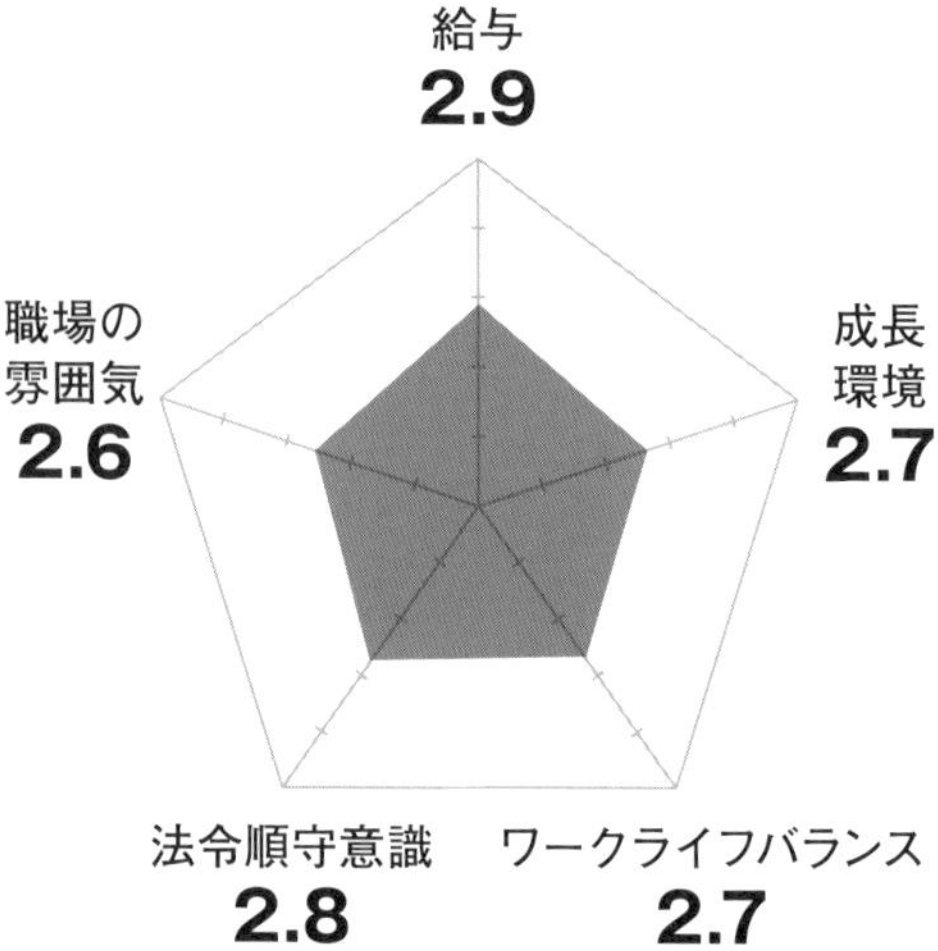

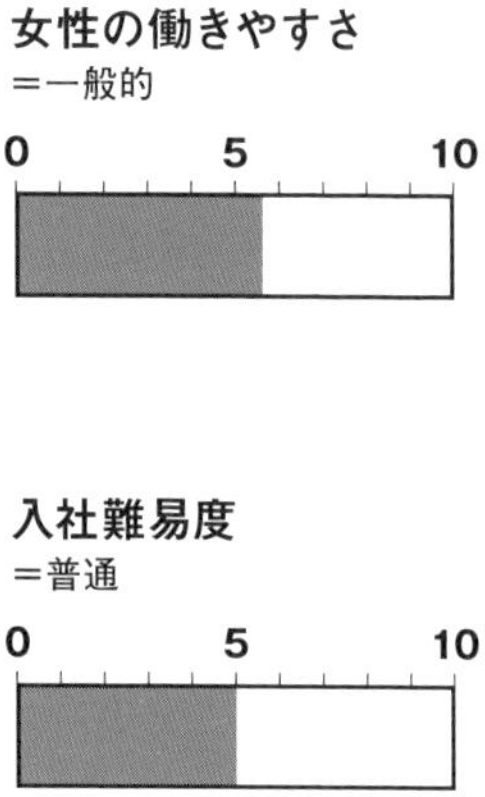

地域に根差した賃貸仲介の知識をつけたい人に最適

賃貸物件の仲介屋さん。忙しさも売上も社内の雰囲気も、すべて店舗次第。都心部の駅前店舗は、引っ越しシーズンともなれば目が回るような忙しさ。入社してすぐ業務を任せられるので、賃貸仲介の知識を付けたい人には手っ取り早いかも。インセンティブは少なめで基本給も上がりにくいため、バリバリ稼ぎたい人には不向き。採用はされやすいが、離職率は高い。

LIST 05

NTT都市開発株式会社

その他

大手デベロッパー

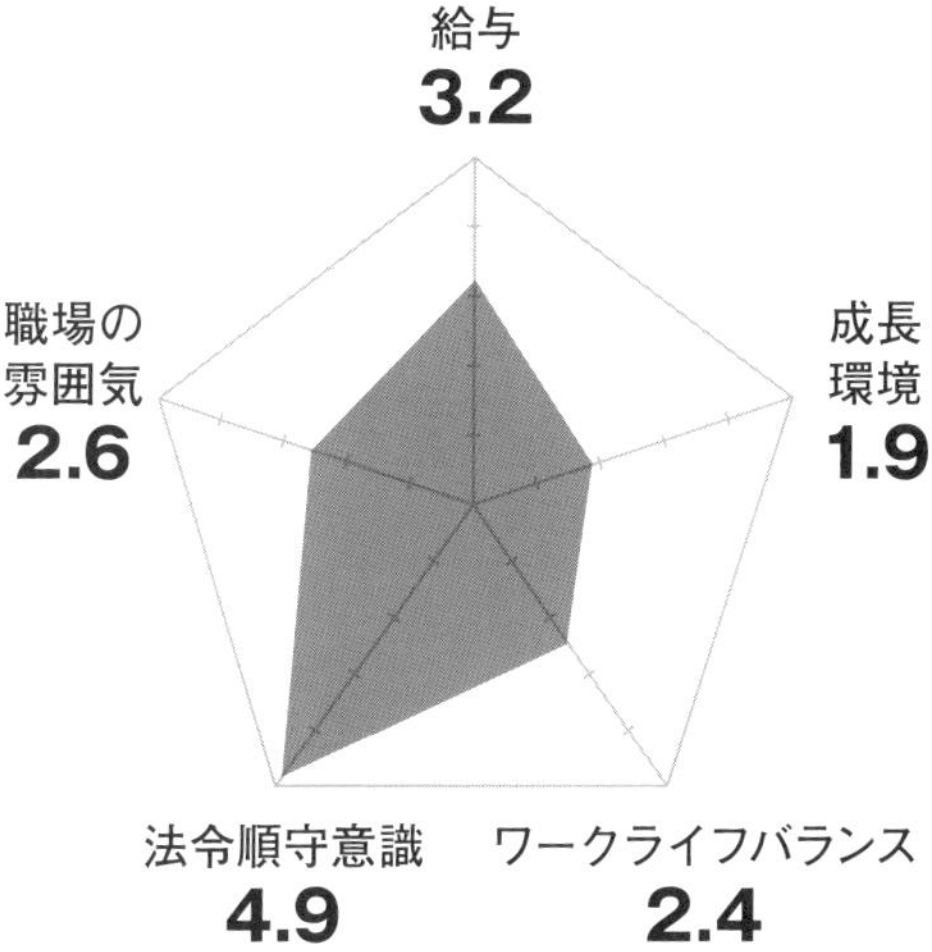

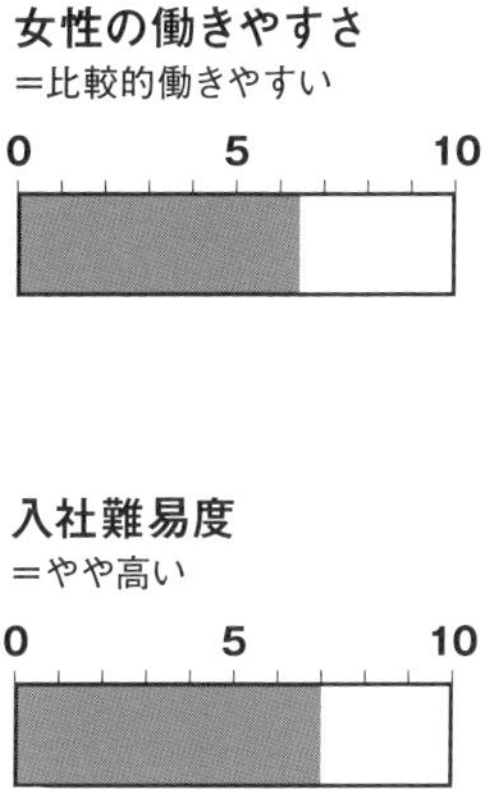

キャリアアップより安定？ それならここで決まり

主力業務は主要都市での巨大オフィスビル賃貸。それに加えて、マンションの分業事業やコンサルティング事業なども行う総合不動産屋さん。石橋を叩いて渡る社風のためチャレンジ性は低いが、その分リスク回避力と信用力は高い。ゆえに安定。良くも悪くも昔ながらの日本企業体質で、上意下達の文化。ありがちな女性の働きにくさもなく、産休・育休もばっちり。

LIST 06

株式会社
エム・エス・ビルサポート

NO.11
プロパティ&
ビルマネージメント

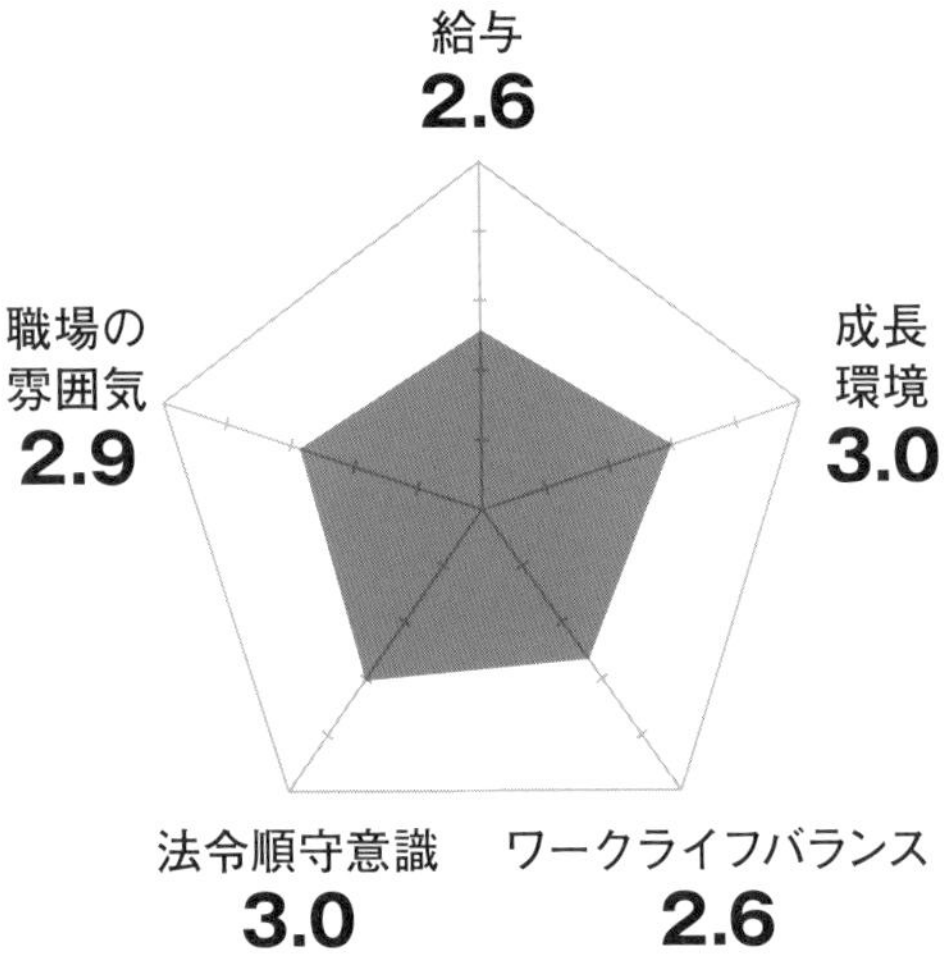

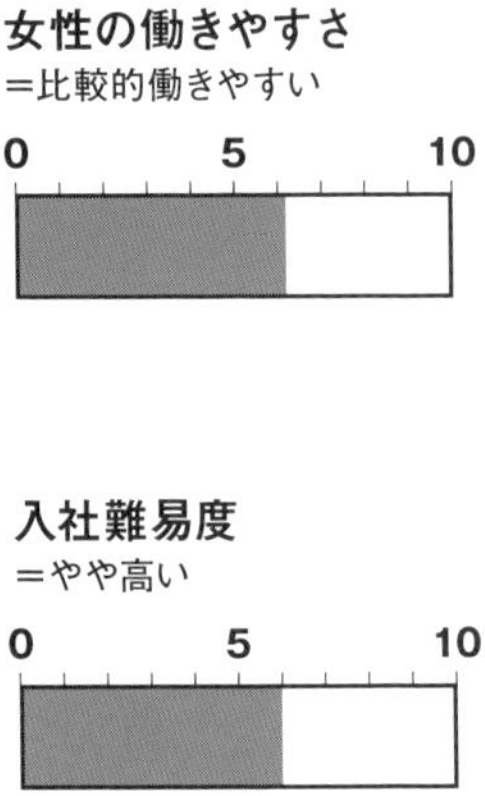

親会社は盤石の大手二社
社風は個人主義&自己責任

不動産資産の管理（プロパティマネージメント）屋さん。三井不動産と三幸エステートが出資し、この二社とのネットワークが強み。幅広い知識が必要とされるので、それらを身に付けられれば転職にも有利。会社やテナントとの付き合いから人脈を構築することもできるが、それは自分でガンガン仕事を回せる人のみで頑張れない人にはつらいかも。なお、給料は年俸制。

LIST 07

大林新星和不動産株式会社

その他
子会社系
不動産会社

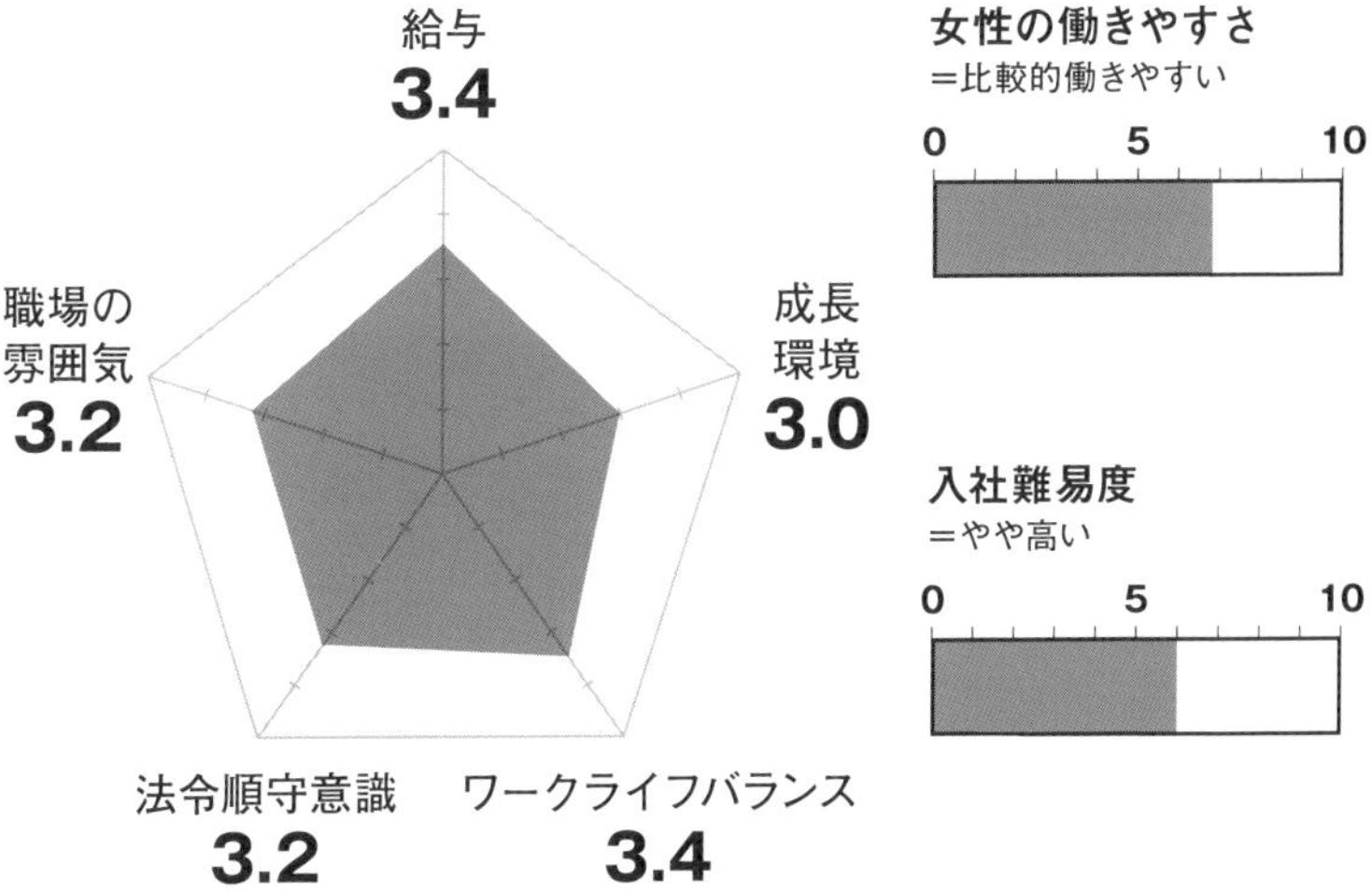

ゼネコン傘下でまったり“そこそこ”派には最適

親会社（大林組）が建てたビルの賃貸のほか、戸建てやマンション分譲事業も行う総合不動産屋さん。ゼネコン傘下の強みを生かした事業は安定し、収入も伸びがある上、社風も比較的穏やか。有給もそこそこ取れる。でも、このまったり感が物足りない人には不向きかも。人数が少ないので、若いうちから裁量が大きい仕事ができる。仕事はルーティンになりがちな部分も。

LIST 08
株式会社オープンハウス

NO.9
戸建販売会社

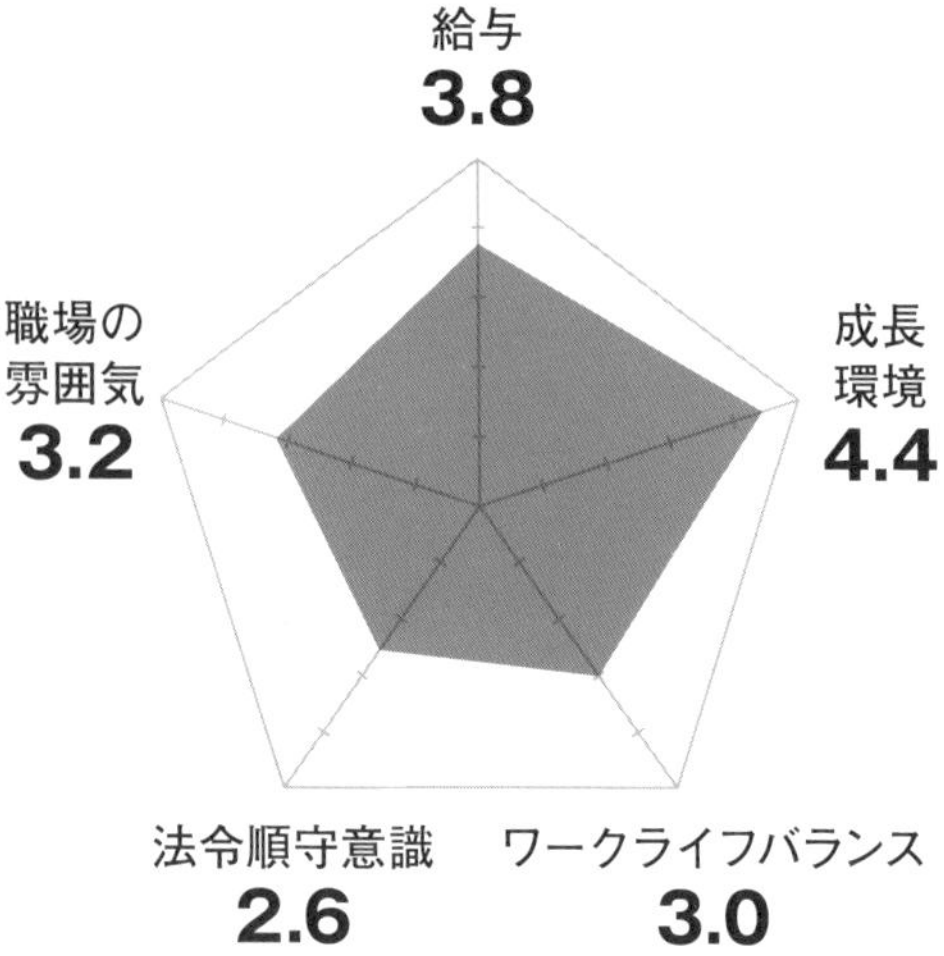

女性の働きやすさ
＝比較的働きやすい

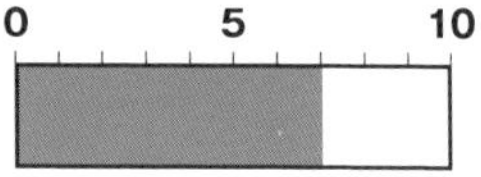

入社難易度
＝普通

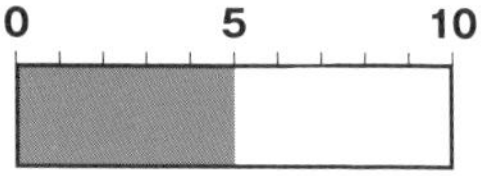

とにかく稼ぎたい、成長したいならここ

東証一部上場企業かつ不動産業界でもっとも勢いのある、ベンチャー系マイホーム屋さん。若手を育てていく環境も整っていて､社員の成長＝会社の成長という雰囲気。活気があり、若い社員でも実力があればポストを用意されるので、「稼ぎたい！」「会社を日本一にする！」と本気で言える人には申し分ない。が、このノリを暑苦しいと感じる人はやめておいた方が無難。

LIST 09
クッシュマン・アンド・ウェイクフィールド株式会社

NO.5
外資系
不動産サービス

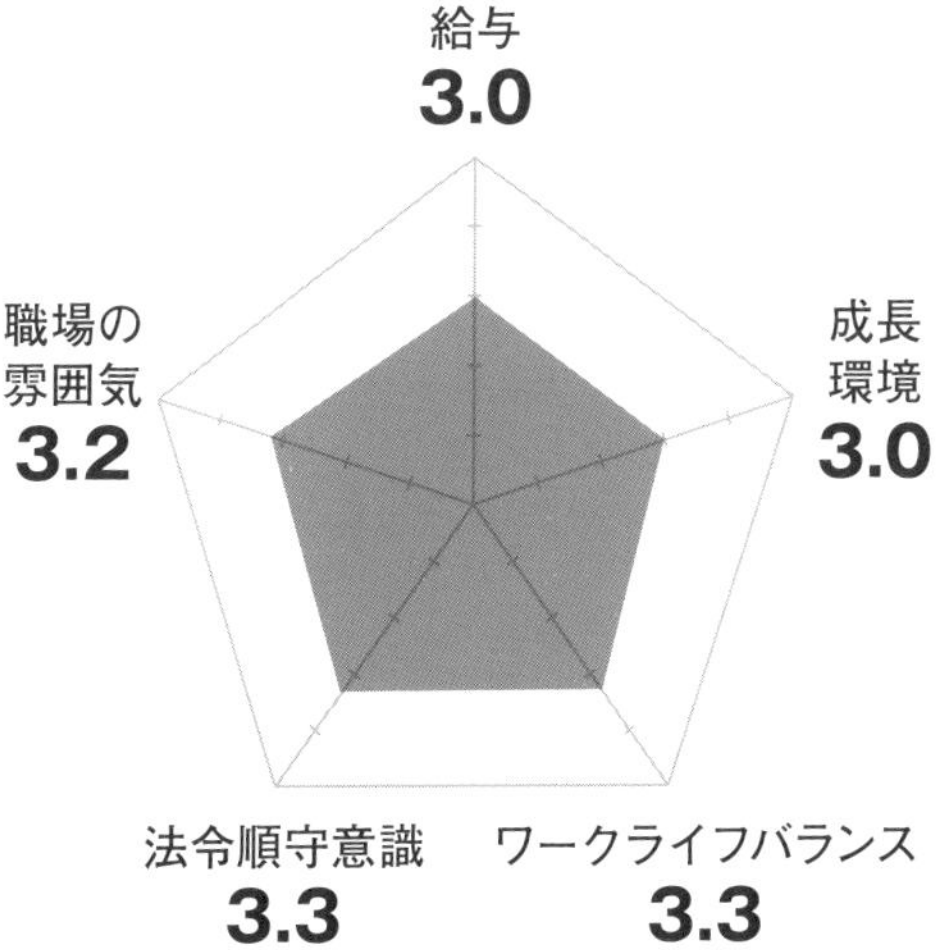

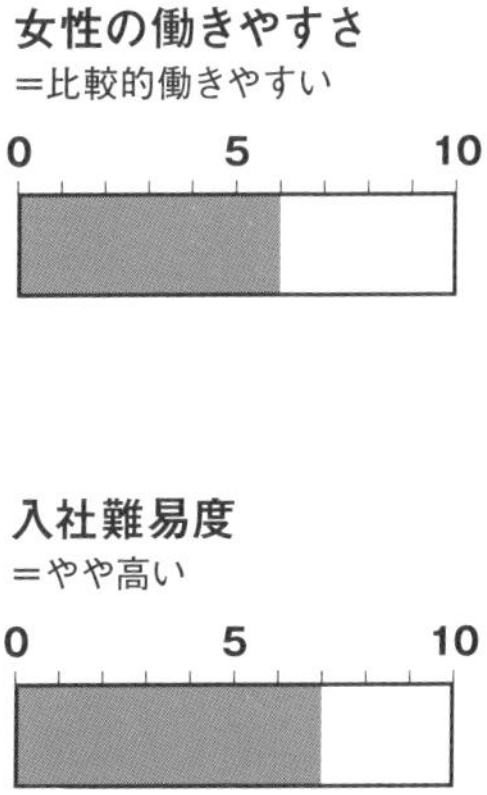

世界規模のプロにもまれて キャリアに箔をつける

本社をアメリカ・イリノイ州シカゴに置く、世界的に有名な不動産サービス屋さん。サービス内容はプロパティマネージメント（P.152参照）、ファシリティマネージメント（P.151参照）、鑑定評価など広範囲。全世界で有名なためキャリアに箔がつくのは間違いない。同じく外資系のCBREグループやジョーンズ ラング ラサール（JLL）と比べると給料はやや低め。

LIST 10

ケネディクス株式会社

NO.2
不動産ファンド

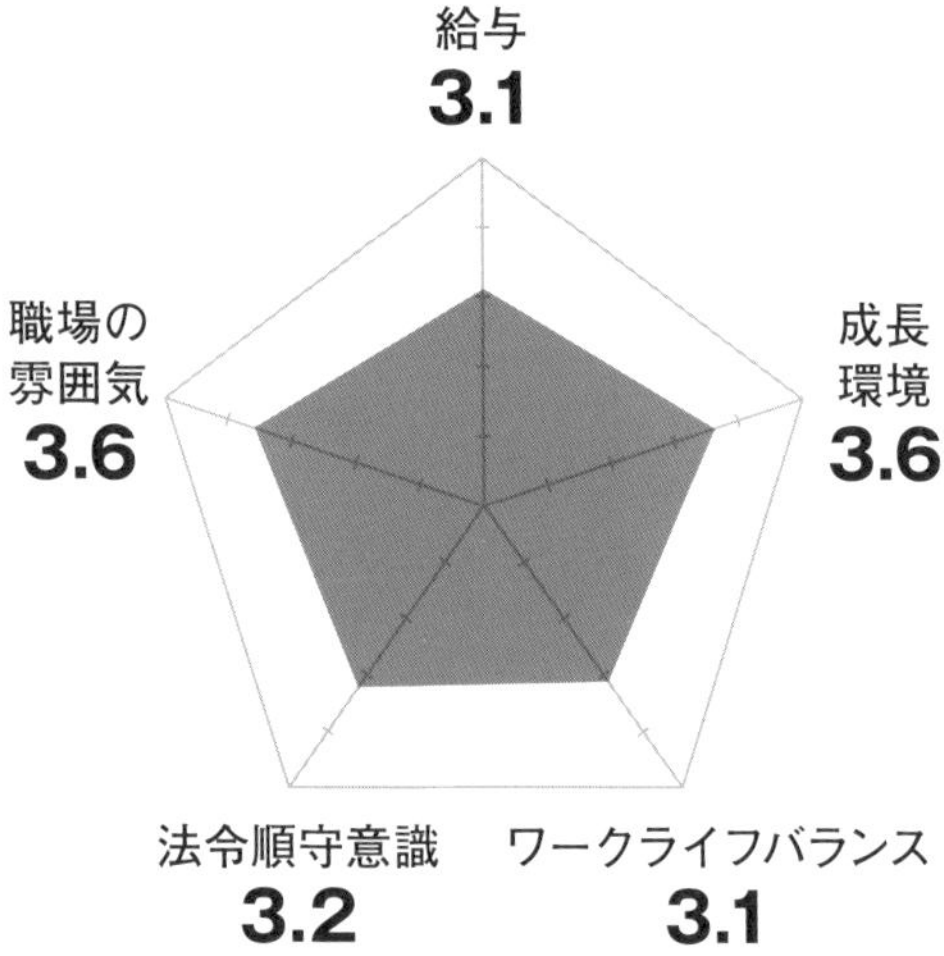

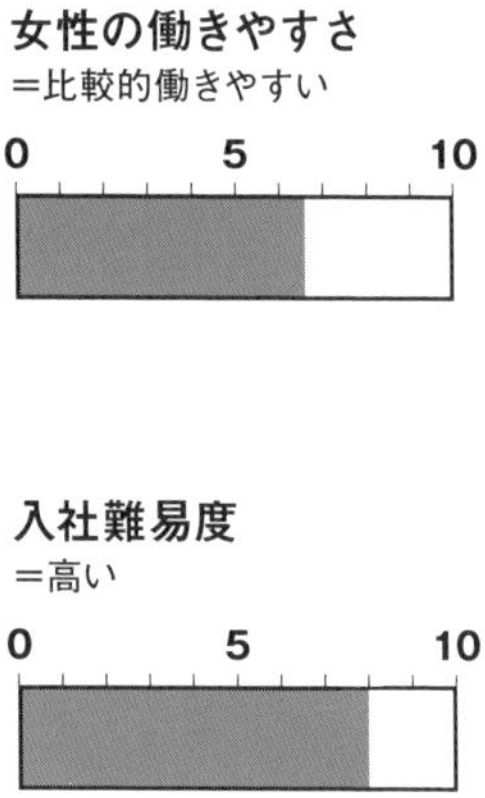

成績がよければ年末ボーナスが急上昇

オフィスビル、住宅、商業施設などを投資対象として投資家の資金を運用する（＝アセットマネジメント業務）独立系不動産ファンド。中途入社が多いが定着率は高く、基本的に年俸制でプラスして年末にボーナスも（額は人によって大きく異なる）。繁忙期はハードワークになるが、プライベートとのバランスは調整しやすい傾向。産休後に復帰する女性も増加中。

LIST 11

株式会社
ケン・コーポレーション

その他

高級賃貸仲介

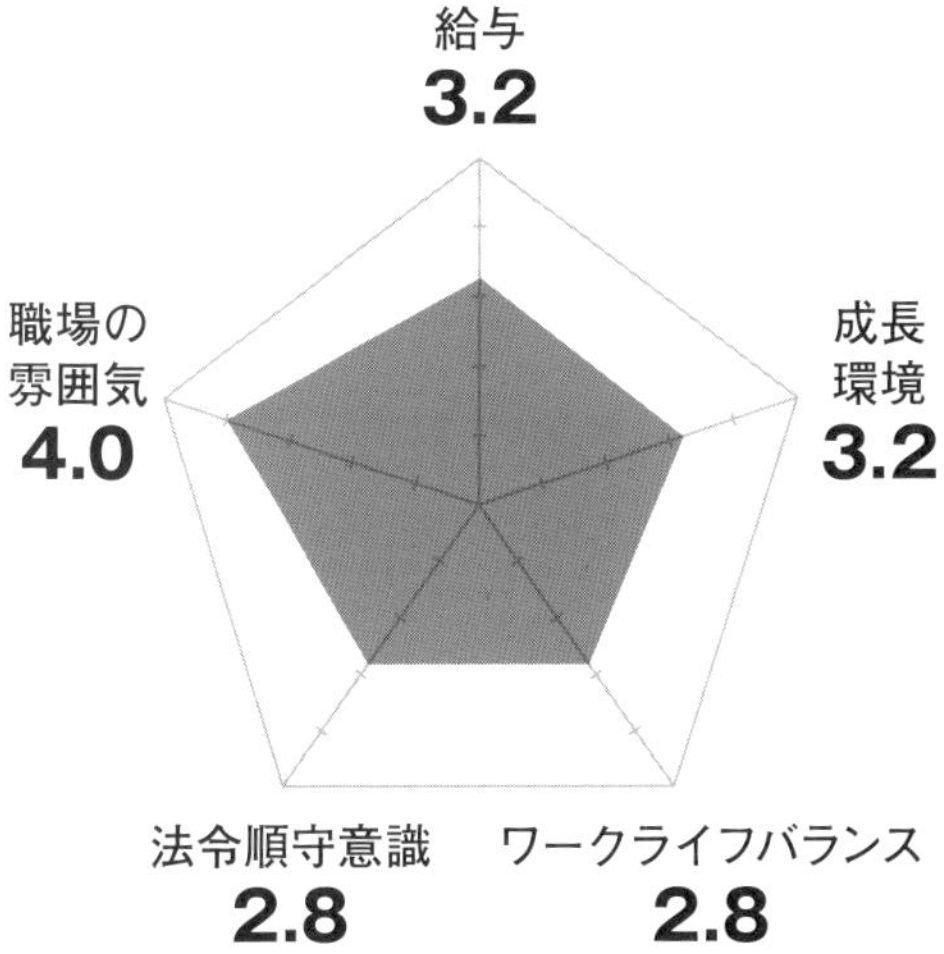

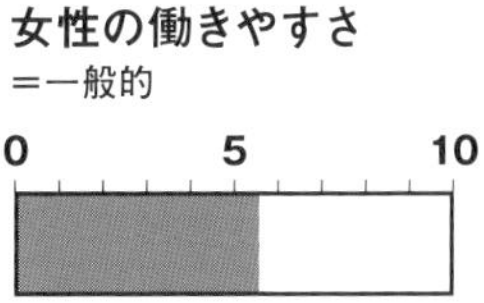

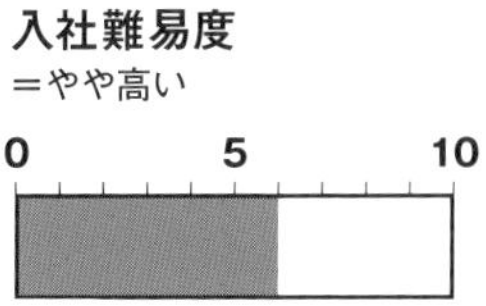

エグゼクティブな顧客と対等に仕事ができる環境

高級志向な住居やマンションの仲介屋さん。この分野においては一定の信頼を得ており、営業は比較的やりやすい。主な顧客である外国人や富裕層と触れ合えることが大きな刺激となる。英語ができればそれなりに高待遇で、宅建（P.149参照）取得も支援。ただ、顧客はエグゼクティブだが、業務は普通の賃貸物件仲介業と同じ。顧客次第で残業、休日出勤は当たり前。

LIST 12
株式会社 コスモスイニシア

NO.7
電鉄系・独立系デベロッパー

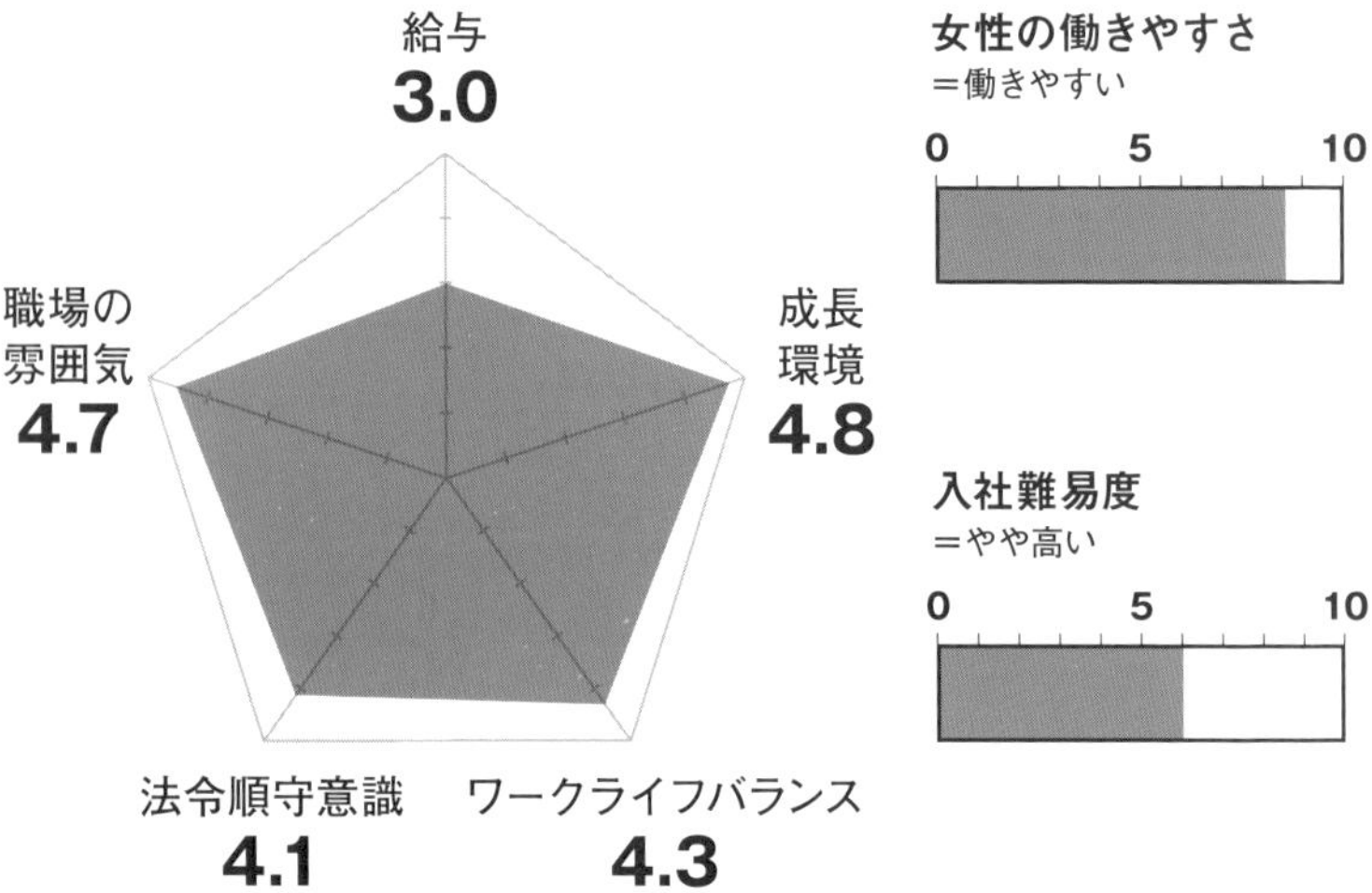

公私のバランスをうまく取る社員が多数を占める

マンションや一戸建てを扱うデベロッパー。旧リクルート関連会社らしく、自由な雰囲気&ガンガン手を挙げるタイプが前に出られる社風。社員同士も仲が良い。ただし、法人相手か個人相手かなど、部署によって雰囲気は大きく異なる。休暇制度が充実しており、公私のバランスはかなり取りやすい。市況の波に飲まれると社員が解雇されることがあるのがたまにキズ。

LIST 13
株式会社ザイマックス

NO.11
プロパティ&
ビルマネージメント

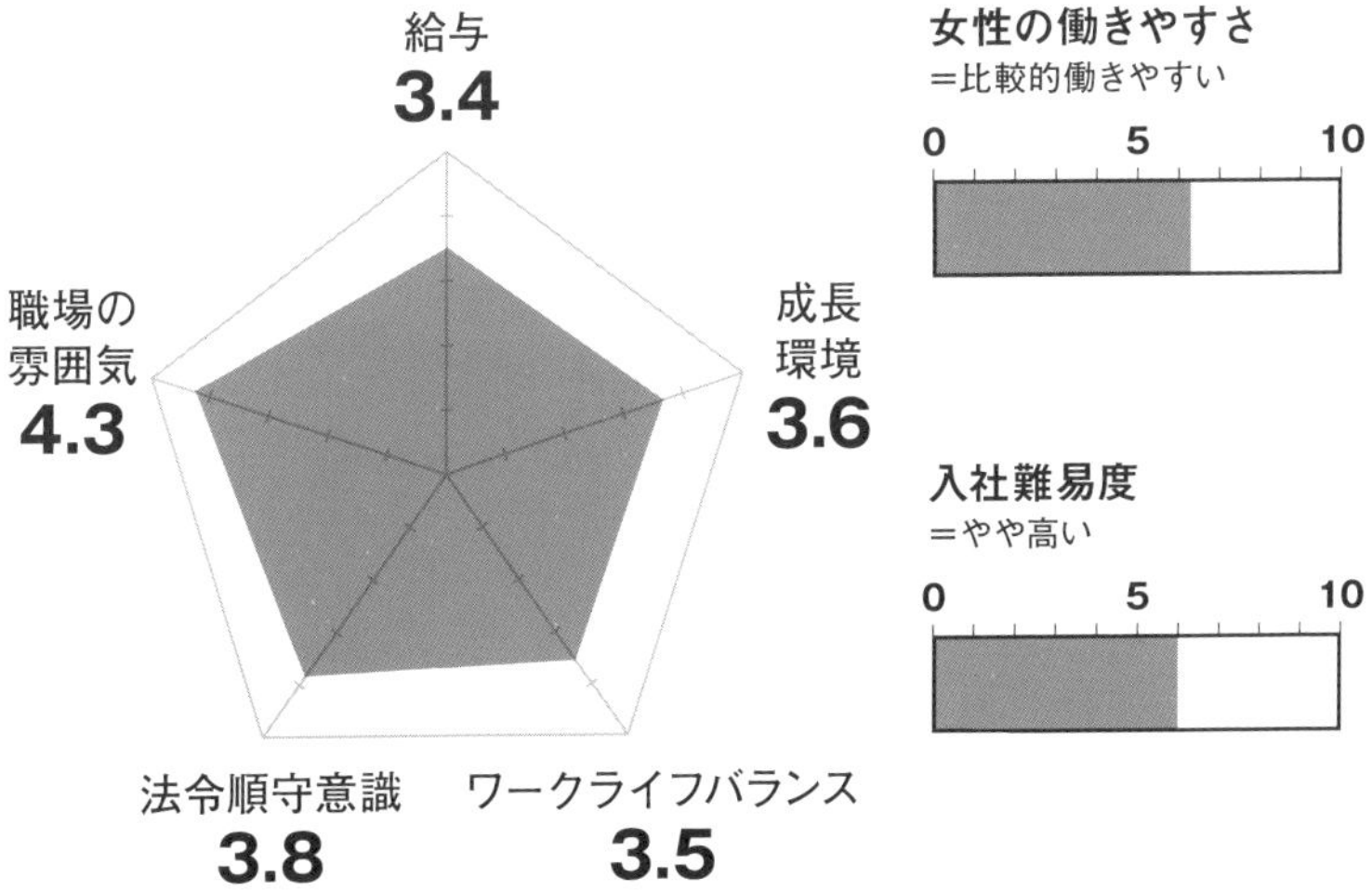

自分の発信力次第で新しいチャレンジが可能

リクルートからビル事業部が独立して創設。ビルの管理・運営がメインの業務。意識が高く発信力の強い社員が多いのは、さすが元リクルートと言える。教育というよりは「あなたはどうしたいのか」を問われる場面が多く、受け身タイプには不向き。フレックス制やリモートワーク制を導入し、サテライトオフィスも展開するなど、働き方に関しては柔軟な姿勢。

LIST 14
サヴィルズ・ジャパン株式会社

NO.5
外資系
不動産サービス

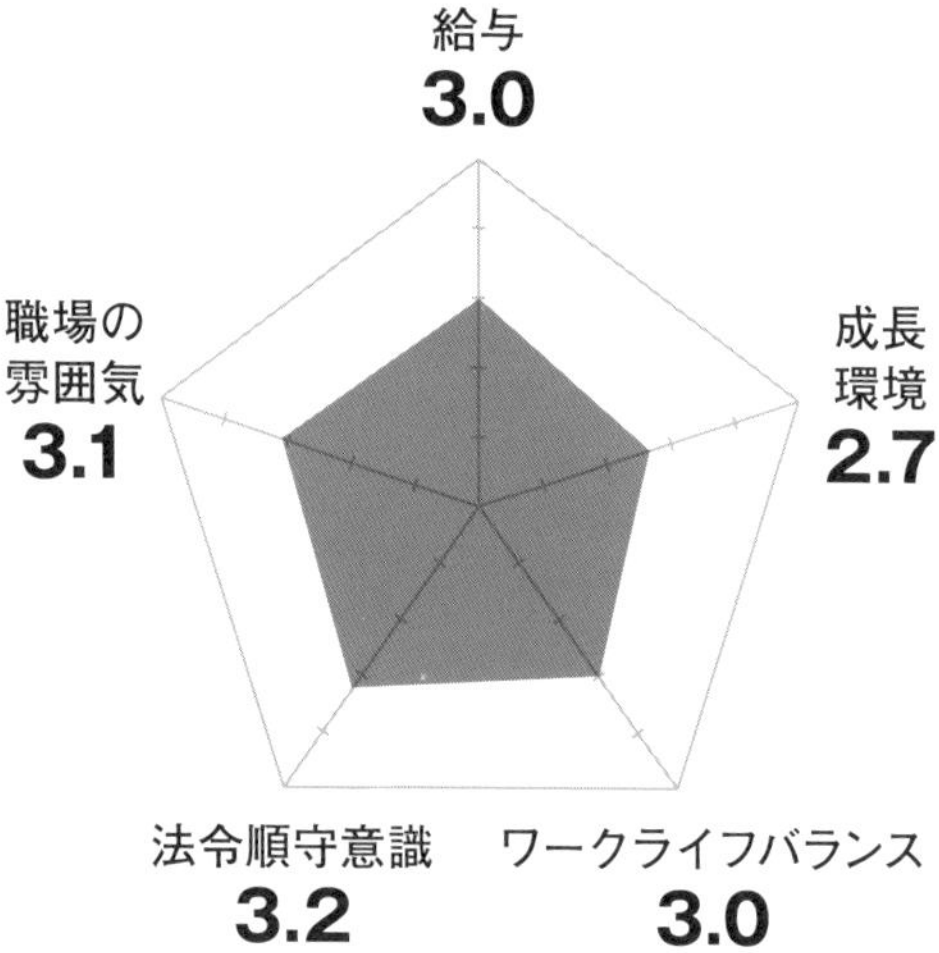

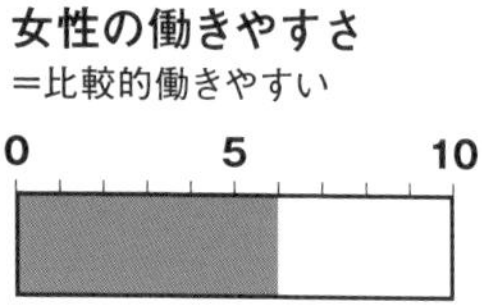

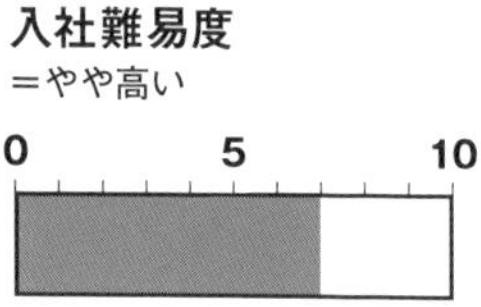

営業などフロント部署のインセンティブは◎

国際的なネットワークを通じて、コンサルティング、管理、取引仲介などを行うグローバル総合不動産サービス会社。外資なのでそれなりの英語力は必要。有給休暇を取りやすく、残業は少ない。バックオフィスの部署の場合には人事評価を期待するのが難しい。自ら積極的にやりがいを見出すか、入社時の給与交渉をがんばるか。営業はインセンティブ制度あり。

LIST 15
三幸エステート株式会社

NO.10
オフィスビル仲介

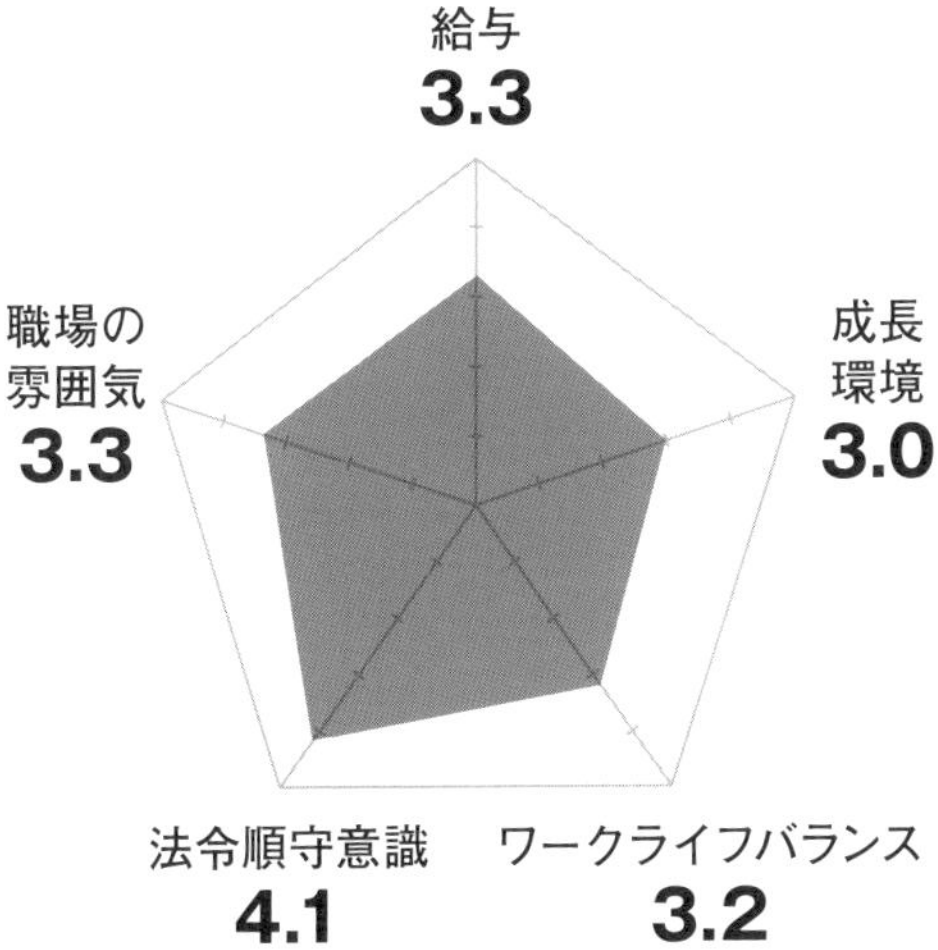

女性の働きやすさ
=比較的働きやすい

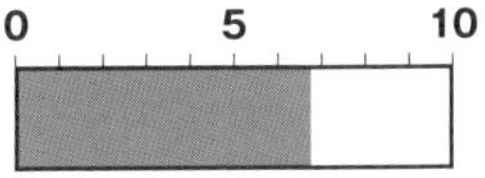

入社難易度
=やや高い

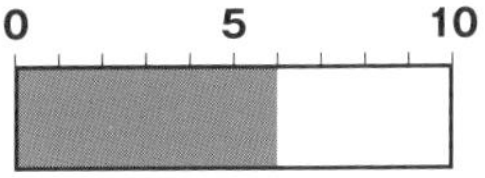

売上に応じた報酬が見込める歩合制

賃貸事務所や賃貸オフィスビルの仲介屋さん。中小から大手まで多様な企業と取引できるのが魅力のひとつ。営業職の場合、固定給から歩合制になれば業績に見合った報酬が保証され、売上至上主義タイプには非常にやりがいがある。ただし、賃貸業務1本勝負なので幅広い不動産知識を身に付けたい人には不向きかも。なお、強制残業はなく、有休も比較的取りやすい。

LIST 16

シービーアールイー株式会社

NO.5
外資系
不動産サービス

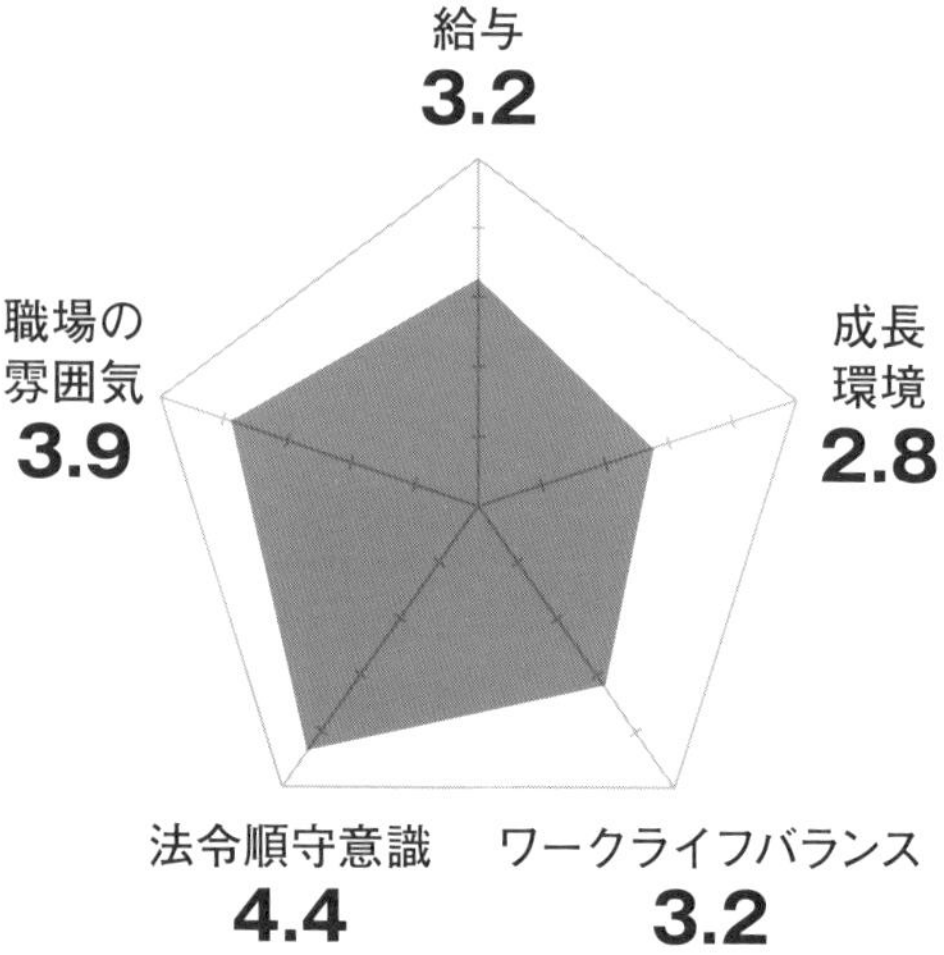

女性の働きやすさ
＝比較的働きやすい

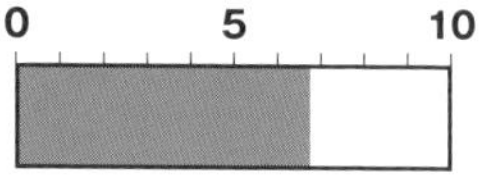

入社難易度
＝やや高い

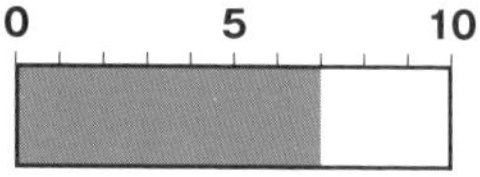

外資だけど英語を使わない部署も多いので要確認

略称CBRE。世界最大の外資系総合不動産サービス屋さん。元は日本企業だったこともありバリバリの外資系という感じではない。英語を使わない部署もあるので、英語を身に付けたい人は要確認。東京本社はフリーアドレス制で自由な雰囲気。個人の裁量幅は広いが、やや個人プレーになりがち。世界レベルのプロ集団の仕事を間近で見られることが、大きな刺激になる。

LIST 17
ジョーンズ ラング ラサール株式会社

NO.5
外資系
不動産サービス

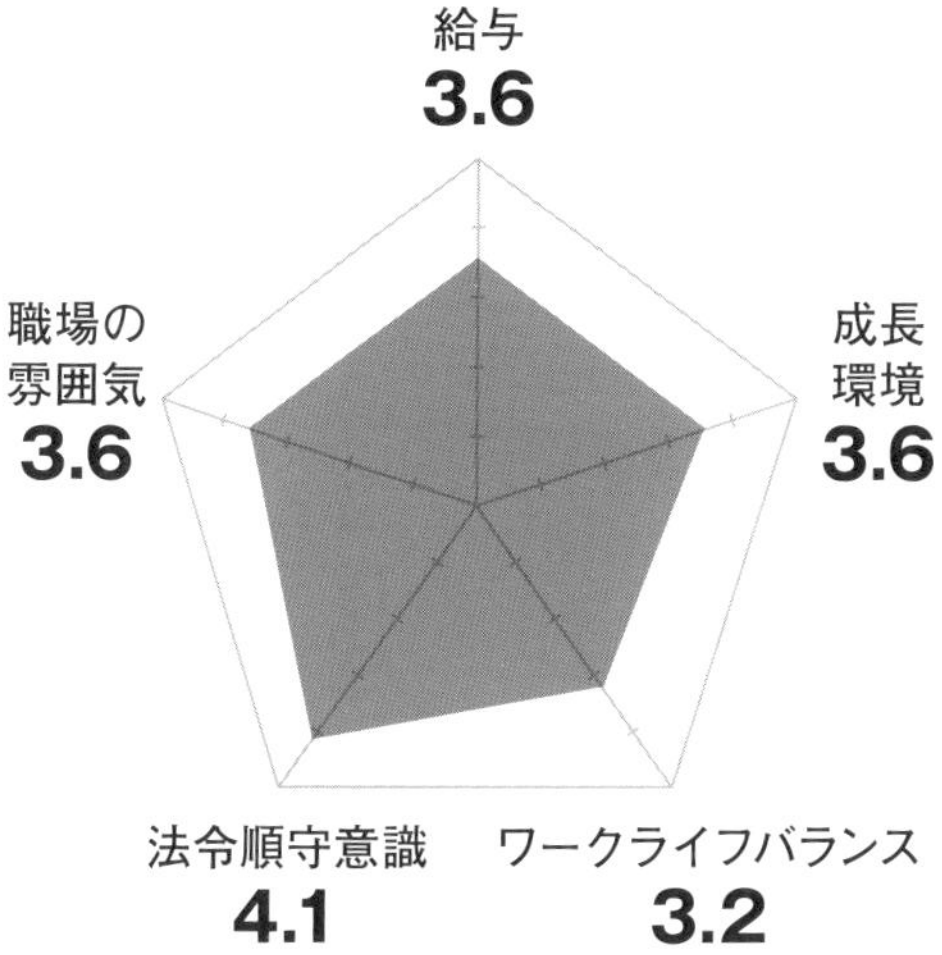

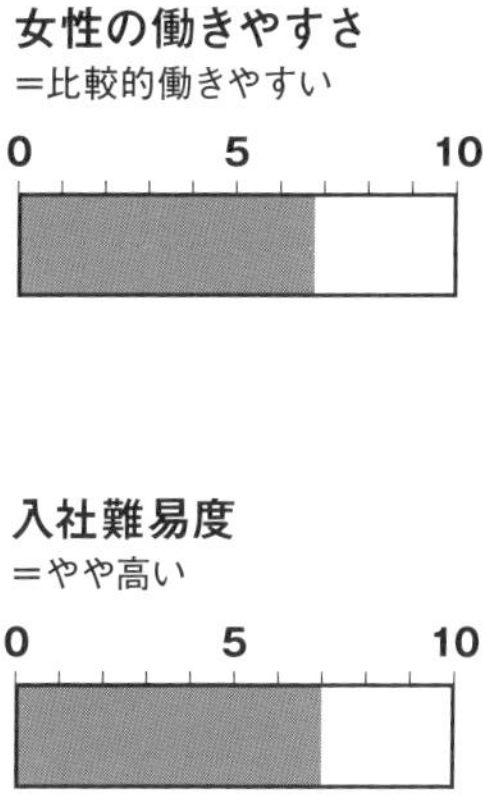

若い人にもチャンスあり キャリアを積むならここ

略称JLL。CBREに次ぐ外資系総合不動産サービス屋さん。ファシリティマネージメント(P.151参照)などの管理業務に強く、顧客基盤は固い。仲介部隊は、外資に珍しく個ではなくチームとしての成績を尊重。フラットな社風で比較的コミュニケーションが取りやすい。若くても能力次第で大きな仕事を任せられるので、キャリアアップが見込める。競合からの転職者も多数。

LIST 18
住友不動産株式会社

NO.1
財閥系不動産会社

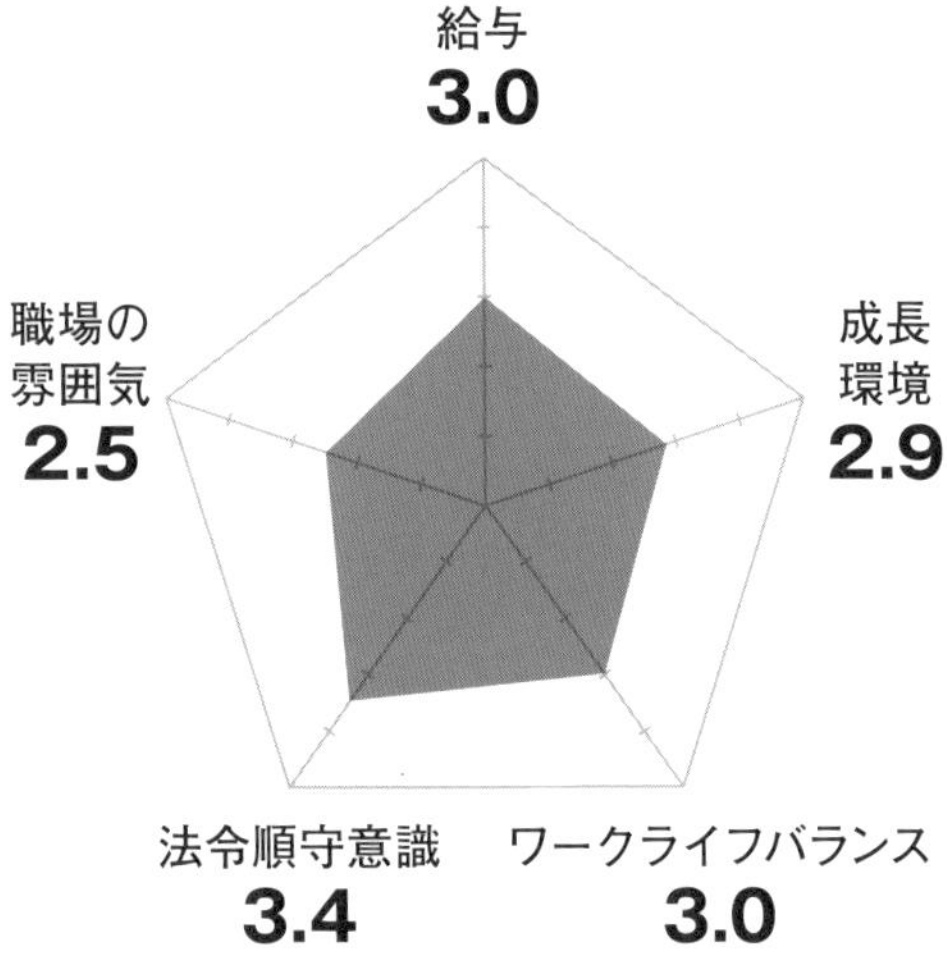

女性の働きやすさ
＝比較的働きやすい

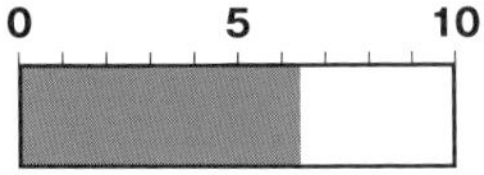

入社難易度
＝やや高い

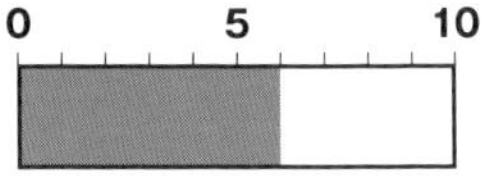

離職率は高いがやはり大手のパワーは強力

三井不動産や三菱地所に並ぶ大手総合デベロッパー。都内に230棟ほどビルを所有し、今もなお造り続けている。立地は一等地でないものも多いが、営業力、ビル設備、管理、そして棟数はピカイチ。大きい組織ゆえ、良くも悪くもトップダウン。近年労働環境は大幅に改善され、残業量は少なくなってきてはいる（そのぶん残業代は出ないが）。人の入れ替わりは激しい。

LIST 19
住友不動産販売株式会社

NO.6
大手法人向け仲介会社

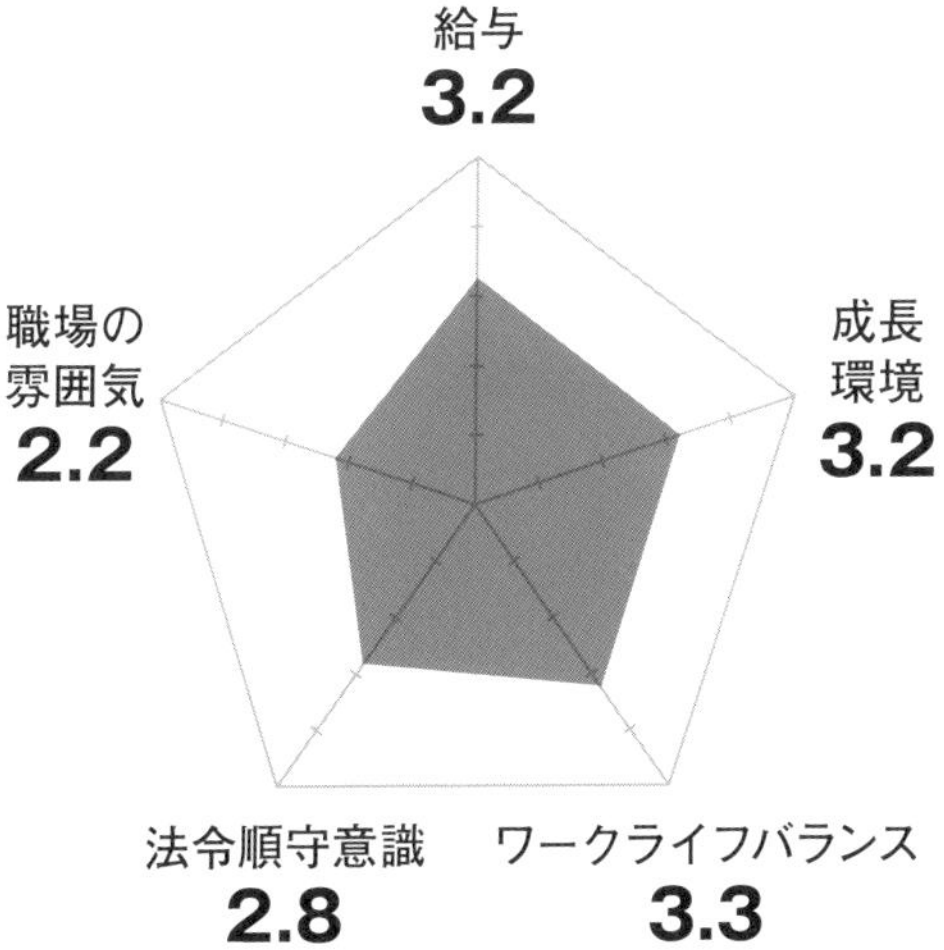

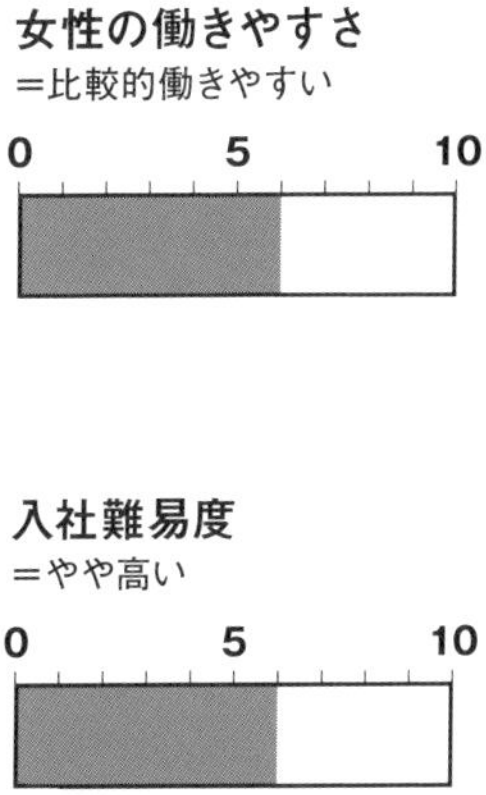

体育会系だがホワイト 就活難民の最後の砦

個人・法人を相手にした不動産の売買物件、賃貸物件の仲介屋さん。愛称は「住友の仲介ステップ」。成果主義によるインセンティブが特徴だったが、住友不動産によるTOB以後、歩合率も低下した。スーツや靴の色など、仕事着まわりは細かく指導されるが、実務に関してはいい意味で放任主義。良い上司に巡り会うことが生き抜くための必須条件だ。

LIST 20

株式会社世界貿易センタービルディング

NO.3
大手ビル賃貸業

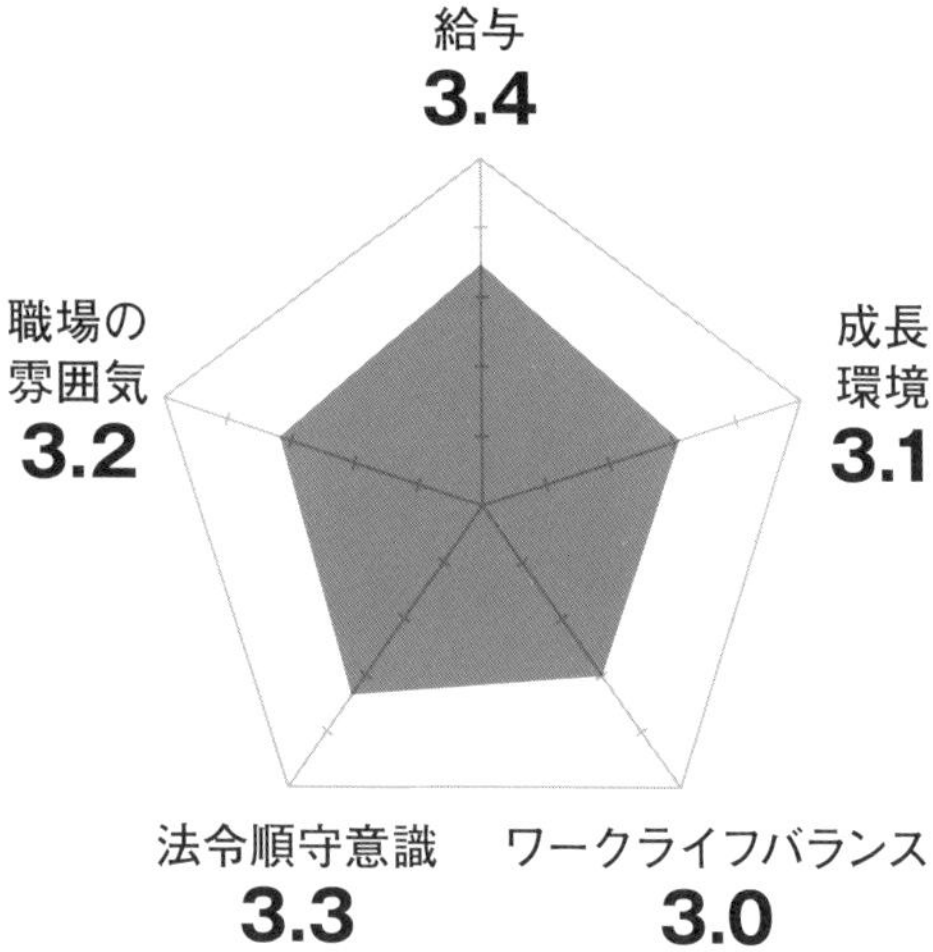

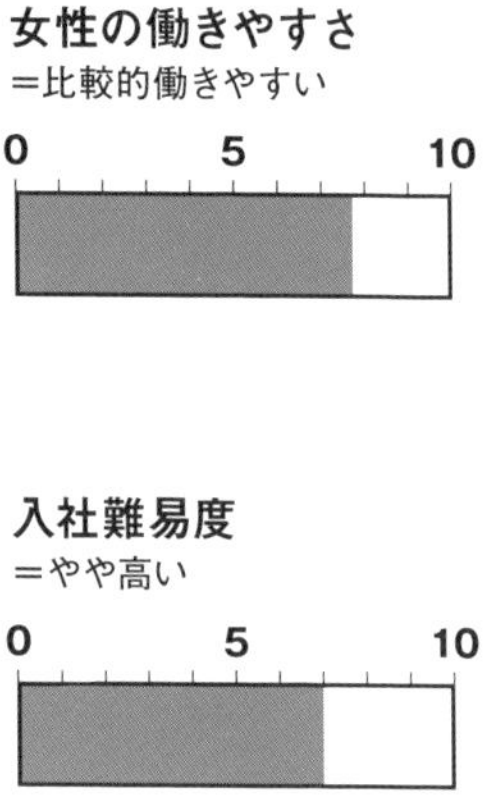

安定の運営手法で支える まったり派のオアシス

浜松町の同名ビルと大崎のThink park towerの二つを運営するビルの賃貸屋さん。浜松町の方は建て替えにより生まれ変わる計画が進行中。大崎は竣工から10年が経っても稼働率90%以上という素晴らしい運営手法。協調性が高い反面、新しいことにチャレンジする空気は少ない。とにもかくにも安定感。古い体制を受け入れられるか否かが問われる。

LIST 21
積水ハウス株式会社

NO.9
戸建販売会社

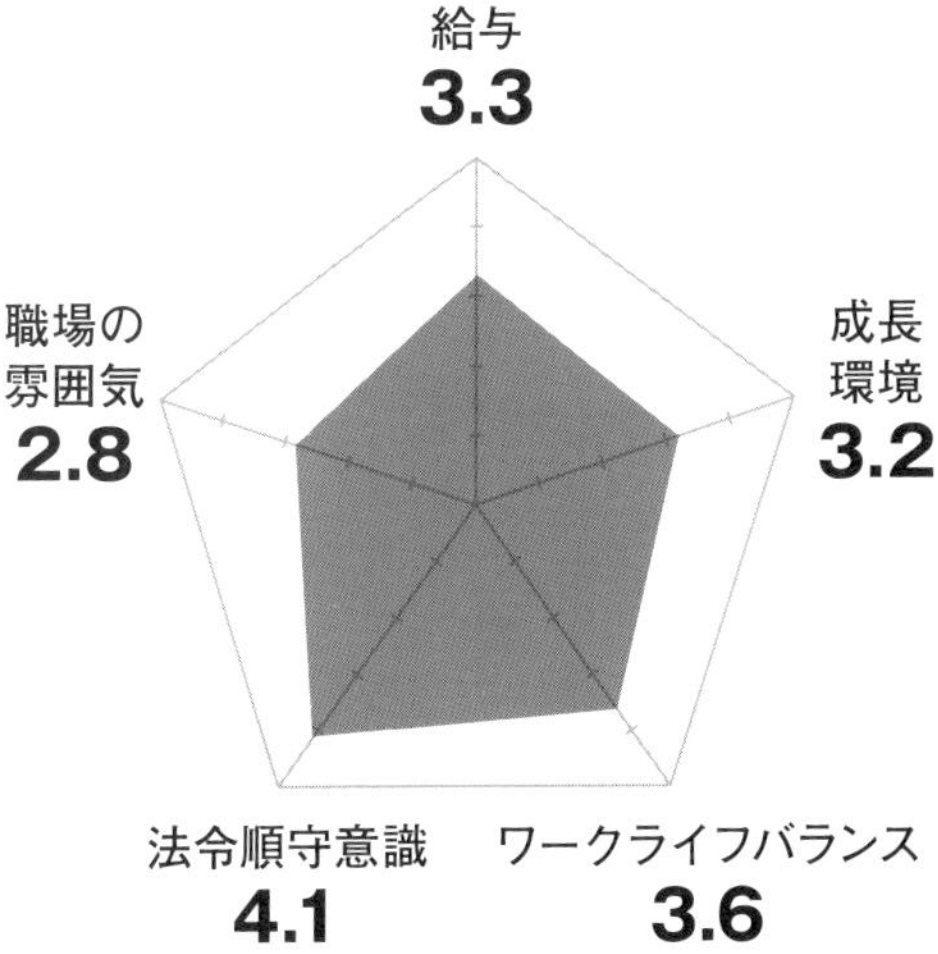

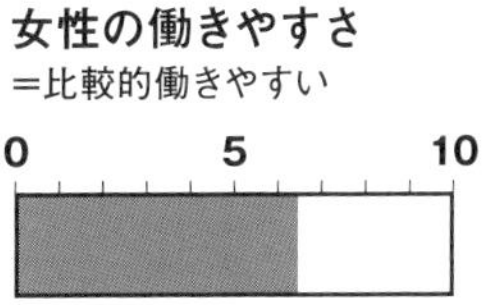

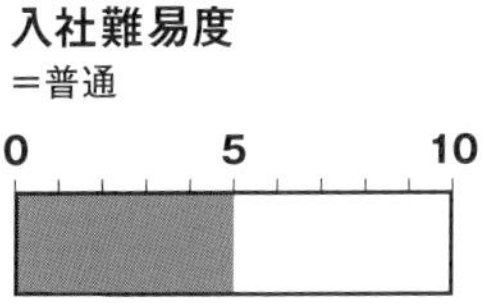

大手ならではの教育体制
資格取得でキャリアアップ

戸建の分譲住宅等を作って売るマイホーム屋さん。そのほか、リフォーム、マンション事業や地域開発なども行っている。教育意識が高く、資格取得のサポートが手厚いのは、さすが大手の一言。転勤が少なく、給料もいい（インセンティブあり）が、同業他社より高めの商品を売るには相応の努力が必要。ハウスメーカーの中で一番シュッとした営業マンが多いのも特徴。

全宅ツイ座談会 ①
面接時のスーツとヘアは何が正解？

全宅ツイの面々が、面接時のスーツとヘアをテーマに座談会を開催。並みいる志望者の中で差を付ける必勝コーディネイトとは？

POINT 1
前髪が
眉のあたりまで
かかっている
NG
POINT 2
スーツのサイズが
合っておらず
シワが寄っている
POINT 3
ジャケットの
着丈が短く
お尻が見えている
POINT 1
髪は短めで
清潔感を意識
OK
POINT 2
スーツは
オーソドックスな
ネイビーに
POINT 3
ベルト・バッグ・
靴は黒の本革で統一

座談会メンバー

PM君

大手デベロッパー勤務。銭湯好き、酒場好き。不動産ネタのパロディTシャツを製作して愛用中。好きなタイプは仲間由紀恵。

DJあかい

20代の終わりに中堅デベロッパーに入社。そこから不動産業のキャリアをスタートして、今はブローカーとして活動中。

デベ夫人

2001年に大手デベロッパーに入社。ゆるい勤務体系を最大限に活かした早い時間からの飲酒開始に定評あり。現在はPM職。

全宅ツイのグル

2000年、不動産デベロッパー入社。財務部へ配属後、仕入れ部門へ異動。現在は都心の不動産ブローカーとして活躍中。

ネイビースーツで清潔感を意識するのが王道

全宅ツイのグル　皆さん、お疲れ様です。今日は司会的なポジションでやらせていただきますので宜しくお願いします。早速ですが、面接に来る最近の新卒大学生は、どんなスーツを着ていますか？

デベ夫人　うちを受けにくる男性はみんなオーソドックスですが、**いいとこのおぼっちゃまは、生地や仕立ての良さを出してくる**傾向があります。女子も、着てるものは地味なんですけど、本来の顔、髪型、メイク、話し方、表情によって変数が大きすぎるので、着てるものにはあまり目がいかないですね。ただ、首の短い女の子が第一ボタンを閉めてると、「あ、こいつ分かってないな」と思います（笑）。

DJあかい　なるほど、オーダーメイドのスーツで差を付けて、面接官が育ちの良さを見抜くんですね。

杭

2000年代前半、なんとなく伸びそうという理由で某不動産業者に入社しリーシング営業を担当。その後PMやAMに携わる。

コンドル君

某ファンドの人。最近の悩みはいくら稼いでもなかなか自由に使えないことと、家庭内稟議を通さないと飲みに行けないこと。

新宿シュガーレス

投資会社に勤務。イギリス・イタリアまわりの高級ブランドで私服を固めつつ、何気にユニクロも愛用するおしゃれ上手。

リチャードホール

不動産仲介業者へ入社後、法人仲介を担当。顧客から呼ばれればすぐ飛んで行き、成約を優先して手数料はすぐ減額しがち。

**PM君**　うちに来る新卒も地味ですね。**全員ネイビー。**個性を出そうという感じではないです。

**リチャードホール**　実際、**面接通る学生はネイビーのスーツでちゃんとしてます**ね。

**新宿シュガーレス**　**ベルトと靴とカバンをブラックの本革でまとめてる子は、仕事もそつない傾向があります**ね。

**コンドル君**　**地味であることでマイナス点はつかないので、自信がないならひたすら無難な路線でいい**と思います。

**デベ夫人**　でも、ほんのちょこっと個性は出してほしいよね。ある意味、女性の方が個性を出しやすいかも。

**リチャードホール**　そういえばこの前、イギリス国旗みたいなネクタイした子がいました（笑）。

**全宅ツイのグル**　OB面談とかで会う現役社員のスーツを見て、面接のときに着るスーツの派手さを調節すると良いのでしょうか？

**かずお君**

新卒カードを使って独立系デベロッパーに入社。ファンドバブルでウハウハだったがリーマンショックで吹き飛んだ。

**フォレスト・ダンプ**

都心部で見かけた空き地に謄本だけを頼りに飛び込み街づくりをする一級三為士。年収は6000万円あればそれでいい。

**ペー鑑**

新卒では最初に内定をくれた某信託銀行に何も考えず入社。不動産鑑定士を自称しているが、エビデンスはない。

**札束くん**

リーマンショック後、大手仲介業に入社。いまは家業の会社の役員をやりつつ、新規で不動産事業を手がけている。

PM君　派手さや柄とかじゃなくて、**ちゃんとネクタイを結べていないとか、そういうところの方が気になる。**とはいいつつ、最近社員でもスーツじゃない人が増えているので、雰囲気が合えばなんでもいい気がします。

杭　就職した後の取引先の業種によるかもしれないですね。お堅い系の会社の総務だと派手な恰好はマイナスになることがあるんじゃないでしょうか。あと、個人的にはシワくちゃだったりするのが嫌なので、ブランドはどこでもかまわないから、そのへんはきっちりしてほしい。

リチャードホール　仲のいい事業会社の採用担当も言ってましたが、やっぱり**清潔感が大事**みたいです。最近はセレクトショップで売っているような、すごいタイトなスーツを着て面接に来る学生も多いらしいのですが、やはりきちんと感が大事だと。

全宅ツイのグル　ちなみに、ヘアスタイルに関してはどうでしょうか？

PM君　髪は短めで、爽やかな感じの子が多い気がします。

デベ夫人　塩顔がまだまだトレンドなのか、一時期に比べると野暮ったい感じはだいぶ減ってきましたね。

リチャードホール　そこもやっぱり清潔感なんですかね。あと関係ないんですけど、髪型で

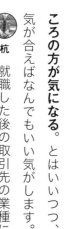

なんで不動産屋さんはみんなツーブロックになっていくのか気になります。

かずお君　テレアポし過ぎて、受話器で擦り切れた左の側頭部を隠すために右も刈り上げてるって先輩が言ってました（笑）。

リチャードホール　私は横の髪長めでツーブロックを隠してるんですが、物件の内覧中に風が吹いた時にチラ見せして、ほんの少しだけアピールしています。

かずお君　羽織の裏地に凝るタイプ（笑）。

OB・OG訪問前には最低限の準備を

全宅ツイのグル　ちなみに、面接やOB訪問時に聞いてはいけない質問ってありますか？

札束くん　経営側から見ると採用のミスマッチがお互い一番不幸なので、**聞いてはいけない質問はない**気もします。

デベ夫人　私もたくさんOG訪問受けますけど、NG質問は特にないですね。

リチャードホール　私もNG無いですけど、法人仲介を経営コンサルティングと間違えてる学生には「不動産業者やで」って言ってます。

杭　失礼でなければ特にないと思いますけど、**「宅建（P．149参照）取っといた方がいいですか」というのは相手が「無免許です」って可能性があって、気まずいから避けた方がいい**かな。実りのある内容でもないし。

DJあかい　割と偉い人が持ってないケースが多いから厄介なんだよね。あと、面接で勤務時間とか休みとか聞かれると逃げ腰だと感じる。そういう人は土地を持っていて余裕のある地主系不動産企業に行くべき。

札束くん　基本的には不動産会社に安定なんてないですもんね（笑）。

ペー鑑　**会社にしがみつきたい系の質問だと印象悪い**ですよね。

杭　あと、ホームページに書いてあるようなことを聞かれたら、ちょっと疑うかも。

札束くん　たしかに**最低限ホームページは見ておくべき**。でも、全員どうせ同じようなこと言うんだし、ぶっちゃけ堂々とハキハキ喋れてればいいんじゃないですかね。

デベ夫人　ハキハキならいいけど、ドヤっぽい男は容赦なく落とします。デベロッパーってチームワーク仕事が多いので、自分が100点取りたい系の性格は向かないんですよね。みんなで70点目指せる人材の方が向いてる。

全宅ツイのグル　逆に、好感度が上がった質問はありますか？　僕は以前「私は○○○○大学っていうアホの大学に入ってしまった。それを社会人になったら挽回したい。御社に入ったら私より賢い大学の同期の人達の何倍もがんばります！」って言い放った22歳の女子学生を見たことがあります。かっこよかったな。

札束くん　かっこいい。しびれる。

フォレスト・ダンプ　かっこいい。**稼ぎたいって言葉に出して言わない奴は何をやらしてもダメ。**

全宅ツイのグル　率直に「お金欲しい、稼ぎたい」ってのも、僕的には好感度高い。

DJあかい　僕も、履歴書に「金が欲しい」って大書して部長に気に入られました。それを見た配属先のボスからは「今まで見た○○大学出身者の中で一番バカだ」って言われましたけど（笑）。

全宅ツイのグル　ご自身が就活生だった時にしていた質問はありますか？

フォレスト・ダンプ　OB訪問の最後の質問でいつも「いま会社辞めたら自分で食っていける自信ありますか？」と生意気に聞いていたんですが、ほとんどの社員が「自信はない」と答えていたのに住友不動産の社員だけ自信あるって言ってたので、そこに決めようと思ったこともありました。ムカつく学生ですね（笑）。

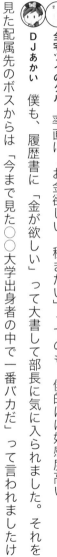

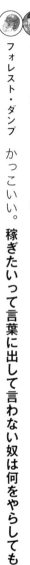

全宅ツイのグル　いい質問です（笑）。ほかに好感度を上げる方法はありますか？

札束くん　**新卒は斜に構えずに若者っぽくしていれば良い**かと！

デベ夫人　素直が一番！

札束くん　どうせ何年も不動産業やってたら、ひねくれてくるんだから（笑）。

Part 4

就活前に知っておきたい
不動産企業42選
【後編：タ〜ワ行】

P.28に引き続き、知っておきたい、いや、知っておくべき代表的な不動産会社を紹介しておこう。最初にどの会社に入社するかで、その後の不動産人生は大きく変わってくる。熟読推奨。

●企業名の右に入るマークはP. 19のカースト図と対応しています。企画内の評価やデータは、全宅ツイ会員によるツイートとアンケートを元に作成しています。

LIST 22
大星ビル管理株式会社

NO.11
プロパティ＆
ビルマネージメント

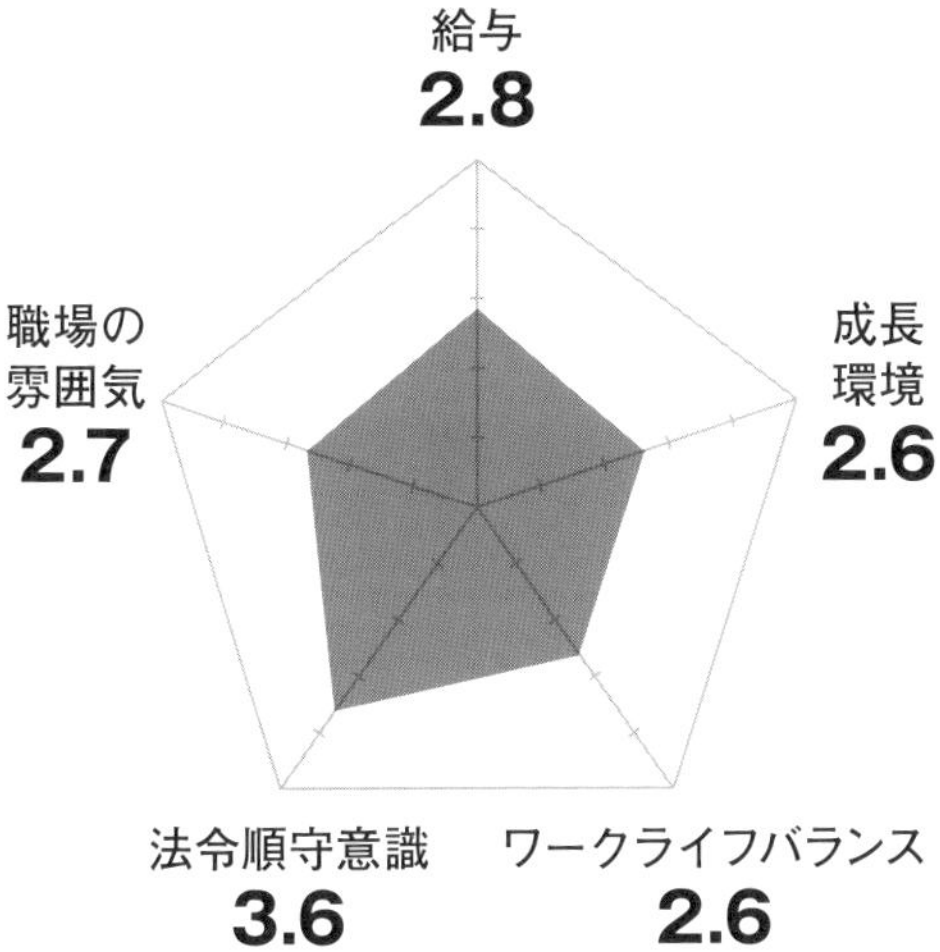

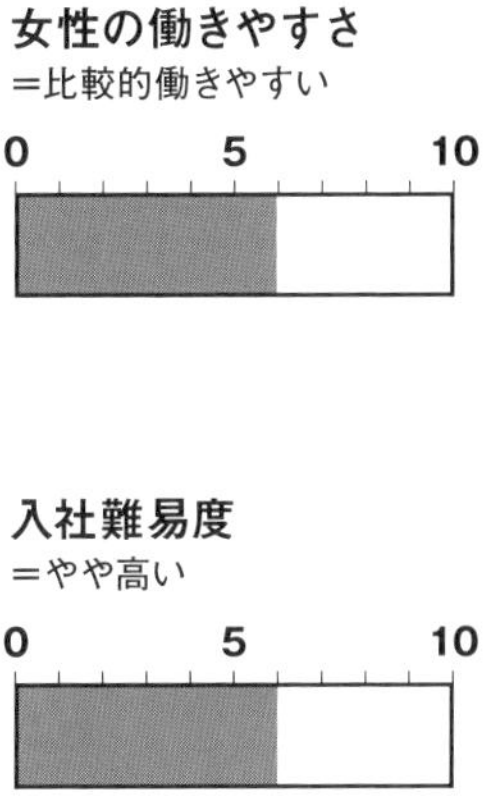

保守的な社風になじめば待遇面では満足できる

日本生命保険相互会社のビル管理部門として発足し、ビルの管理・運用業務を専門に行う（現在は子会社ではない）。元・親会社の文化を受け継ぎ、年功序列な社風。充実した教育制度の一方で、現場を理解していない元・親会社の出向者に振り回されることも。成長できるか否かは配属されるビル次第。ビル管理業界の中では給与待遇、有給消化率はいい方といえる。

LIST 23
大東建託株式会社

NO.13
土地有効活用

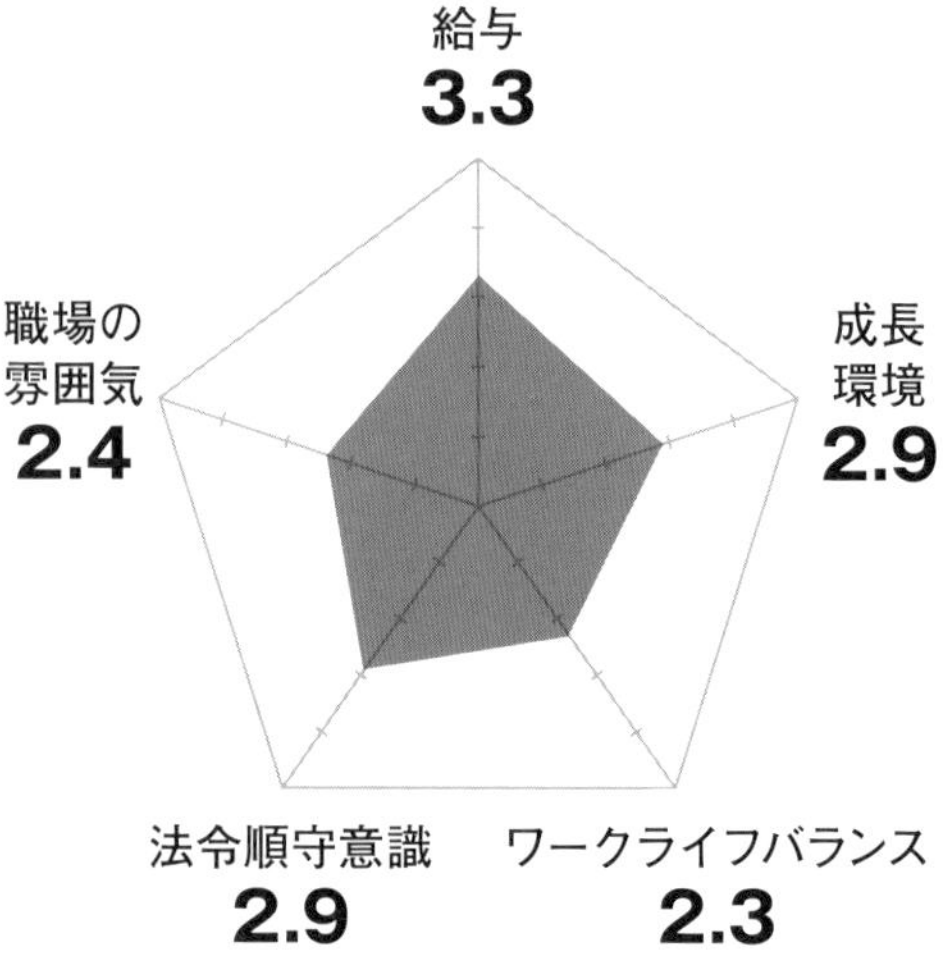

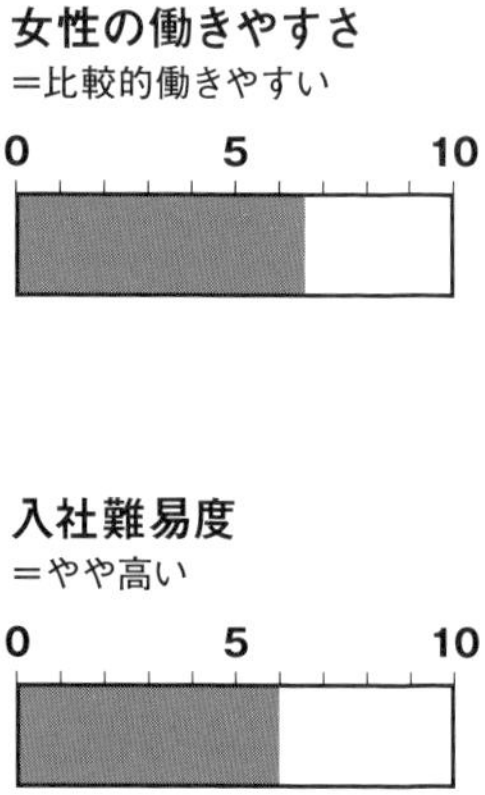

いかに地主の心を動かすか そのためにベストを尽くす

土地活用のための賃貸物件を建てたり管理したりするサブリース屋さん。アパート建設の実績はさすがの一言。活用できる土地を持つ地主にひたすらアタックする営業スタイル。土日にアポが入ることが多く、どちらかの出勤はマストと思った方がいい。上下関係が強く体育会系だが、近年はコンプライアンスを意識して、改善中。資格取得にも力を入れている。

LIST 24
ダイビル株式会社

NO.3
大手ビル賃貸業

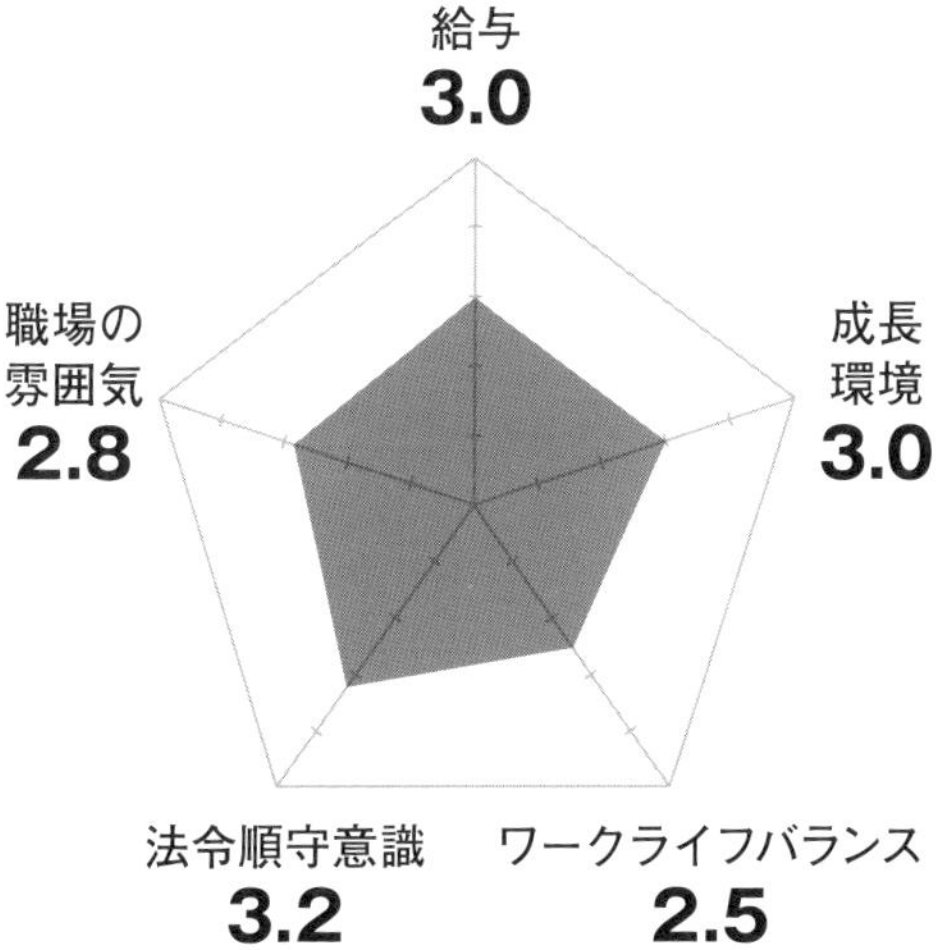

女性の働きやすさ
＝一般的

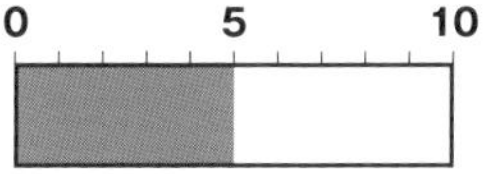

入社難易度
＝やや高い

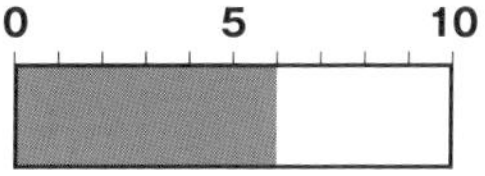

自社ビルの賃貸で安定経営 モチベ低下に注意を

東京・大阪の都心部に計25棟のオフィスビル、ホテルビル、商業ビルを所有＆賃貸する大手ビル賃貸会社。自社でビルを持っているので、かなりの安定感がある。成長のスピードが遅い点が気になるが、総合職の給与は厚遇。寮や社宅が充実しており、残業代もばっちり……。といいことずくめのようだが、安定し過ぎるゆえのモチベーション低下だけは悩みの種。

LIST 25
大和ハウス工業株式会社

NO.9
戸建販売会社

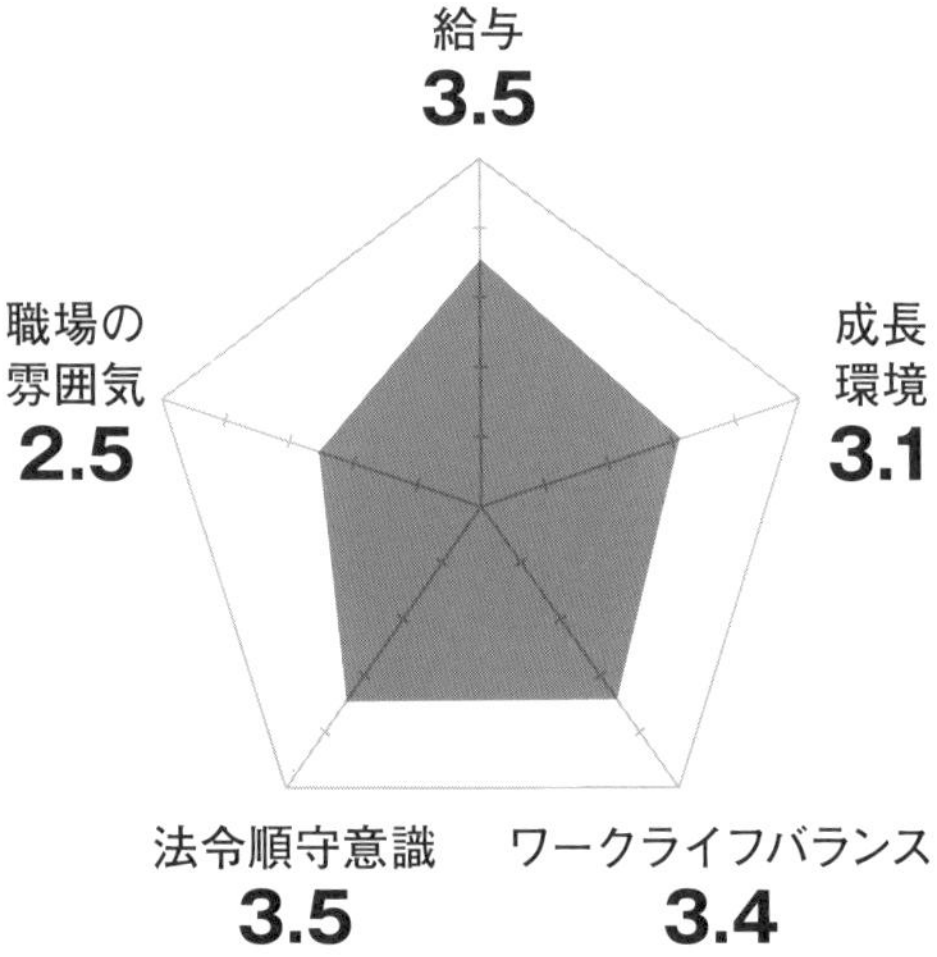

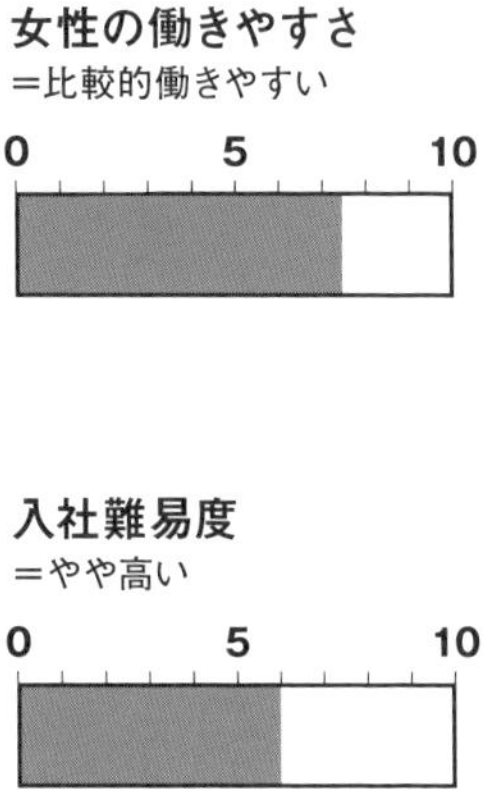

給料など待遇面はGOOD それをモチベに頑張るべし

メインは戸建住宅を作って売るマイホーム屋さん。そのほか、集合住宅・流通・建築と事業部門が分かれており、それぞれの垣根は非常に高い。流通・建築部門は業界内でも力があると言われている。給料は高いが目標数値も高い。現場レベルでも巨額の案件を担当することがあり、モチベーションをもって成長したい人には向いている。営業以外は比較的休みも取りやすい。

LIST 26
大和不動産鑑定株式会社

NO.8
不動産鑑定士

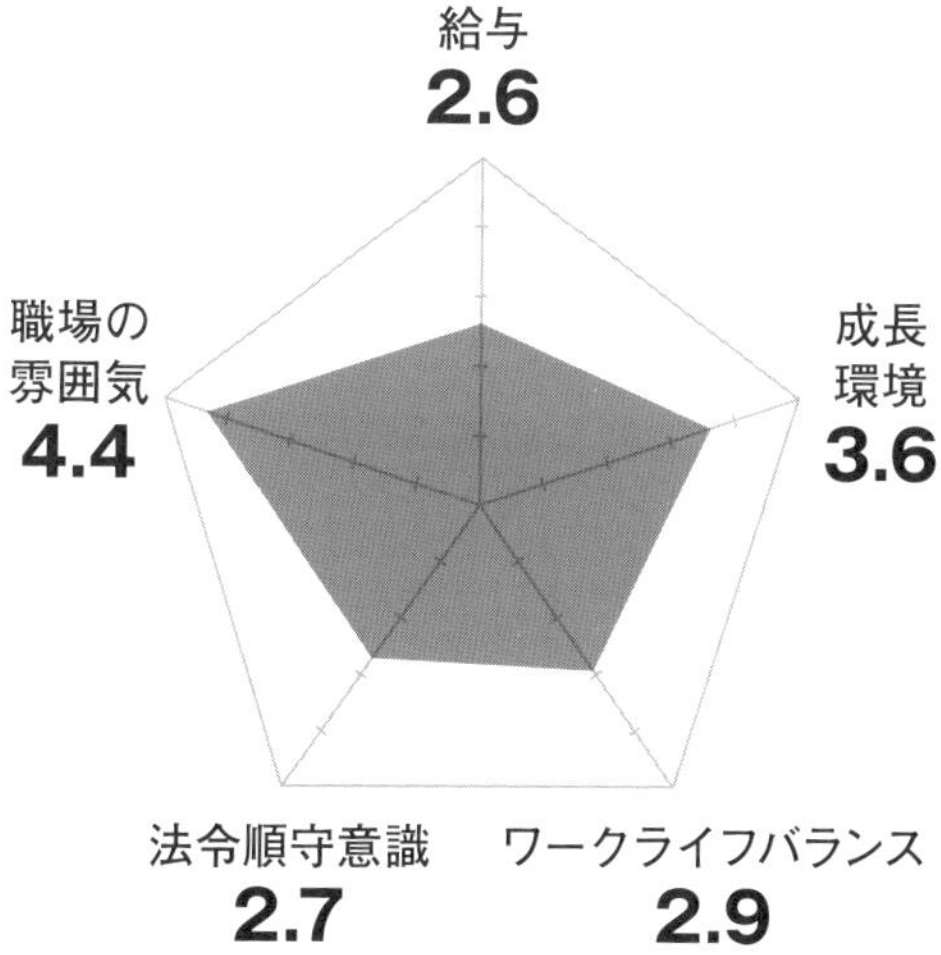

女性の働きやすさ
＝一般的

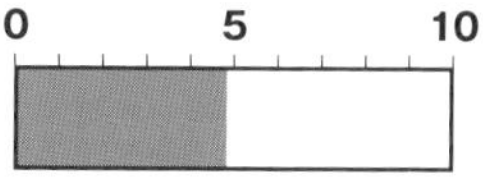

入社難易度
＝やや高い

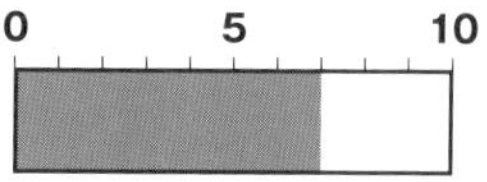

社員同士の仲の良さ 風通しの良さに定評あり

老舗の不動産鑑定会社。自由な社風で、社内の風通しは非常に良い。個人の裁量が大きいので、チームより個の専門家集団といった雰囲気。公私のバランスは調整しやすいが、それもスキル次第。鑑定士以外の給料は低めなので、資格はマストか。定年まで勤め上げるというより、一定水準を超えたら次のフィールドに転職する人が多い。転勤があるので配属先は要確認。

LIST 27
株式会社タカラレーベン

NO.7
電鉄系・独立系
デベロッパー

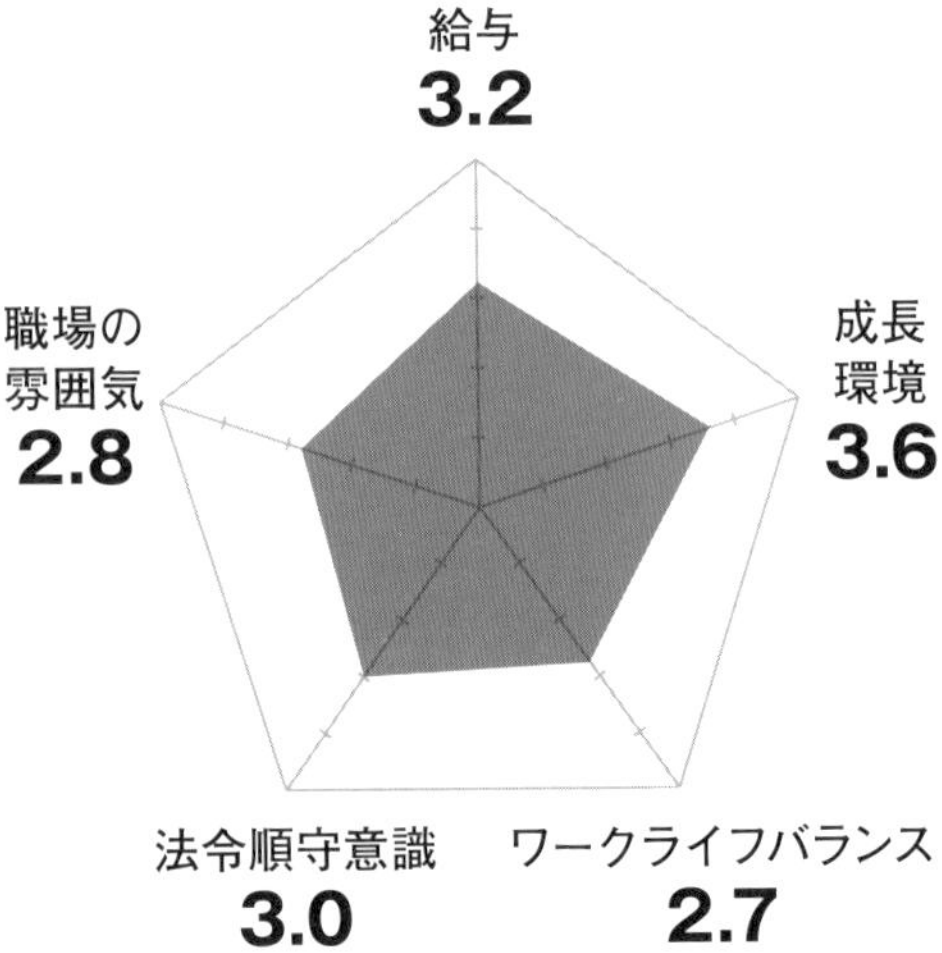

女性の働きやすさ
＝比較的働きやすい

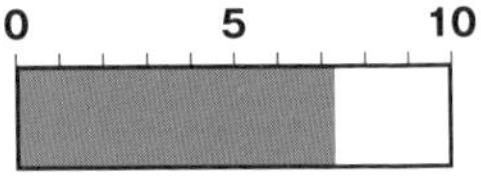

入社難易度
＝やや高い

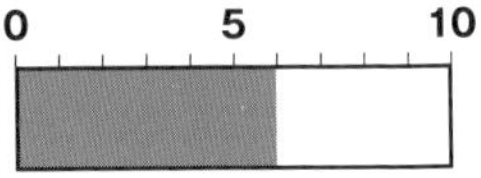

歩合ではなく昇進で給料アップを保証

戸建ての分譲事業から始まり、分譲マンション事業を軸に成長してきた独立系デベロッパー。営業は完全な実力主義で、成果が給料や役職に反映されやすいが、内勤社員は給料も待遇も低め。上司次第で「ザ・体育会系」な毎日が待っており、中途採用者の定着率が低いのもそれゆえか。営業、内勤ともに前向きな姿勢や自主的な努力に重きが置かれている。

LIST 28
タマホーム株式会社

NO.9
戸建販売会社

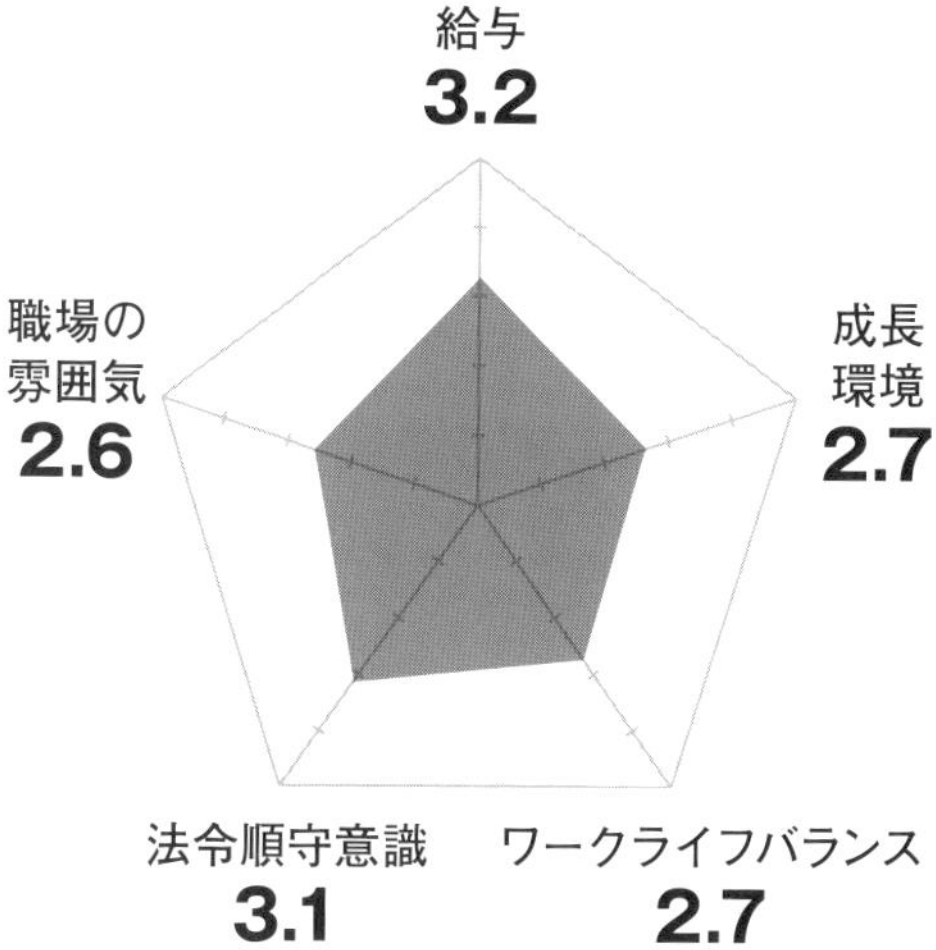

女性の働きやすさ
＝比較的働きやすい

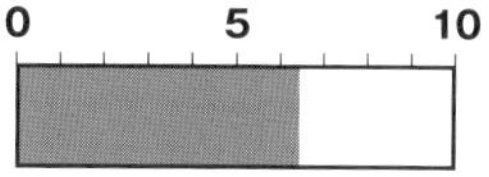

入社難易度
＝やや高い

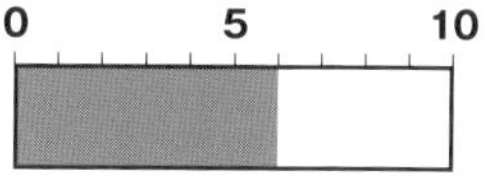

九州の工務店からスタート二代目が采配をふるう

木造住宅の注文建築を行うマイホーム屋さん。リーズナブルな商品を提供できる背景にあるのは、社員に課せられた膨大な業務量。特に事務や設計は業務量の割に給料の伸びしろが少なく、実績にも左右される。一族経営で昭和的なところもあり、トップダウンではあるが若い会社ゆえに比較的柔軟な社風。本社勤務と支社勤務では福利厚生に差があるので、迷わず本社へ。

LIST 29
株式会社 DAインベストメンツ

NO.2
不動産ファンド

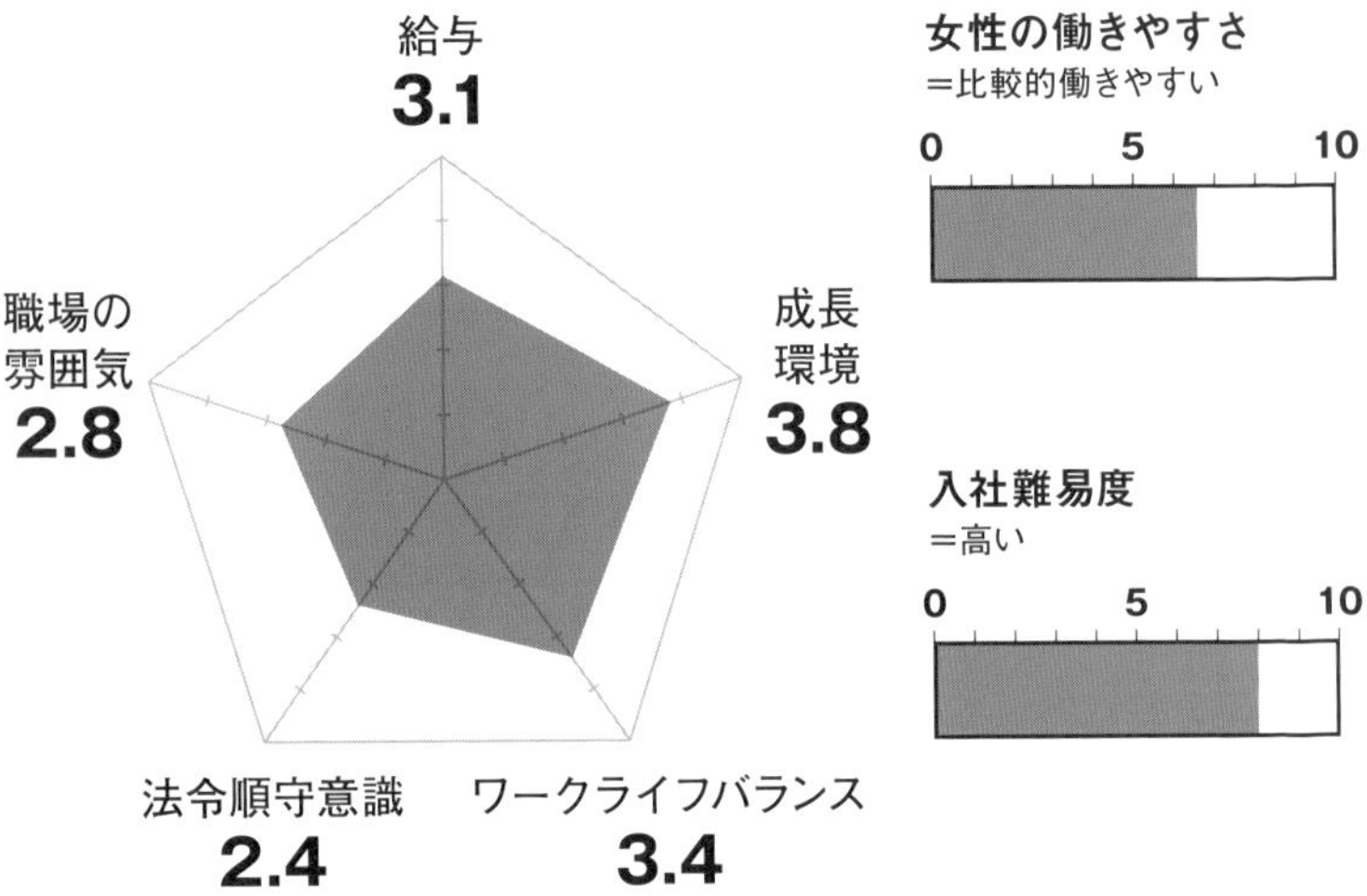

かつては若手でも1000万円プレーヤーがゴロゴロ

国内不動産を投資対象にファンドマネジメント事業やアセットマネジメント事業を展開する不動産ファンド。現在は一時期の勢いが落ち込み気味で、チャレンジする機会が減っている。給与面は充実しており、日本企業だが、外資系っぽいドライな社風で、できる人はどんどん進み、できない人は取り残されるか辞めていく傾向にある。英語ができないと出世は見込めない。

LIST 30
株式会社
東急コミュニティー

NO.11
プロパティ&
ビルマネージメント

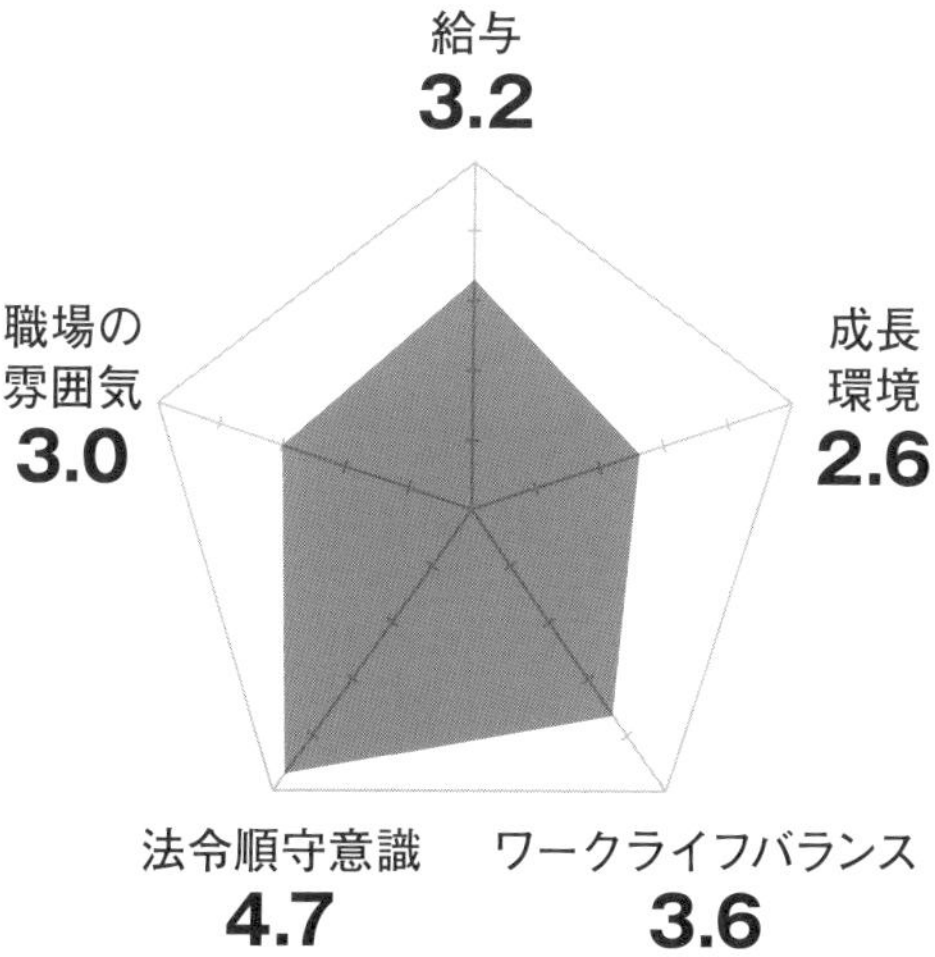

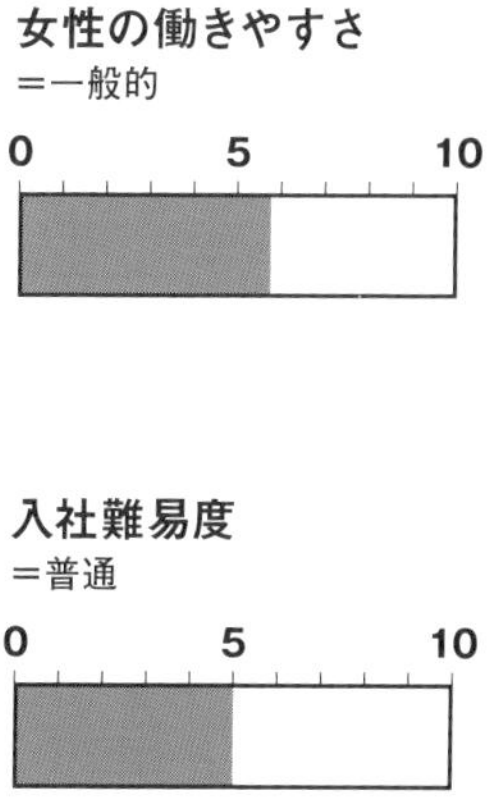

年功序列を重視
良くも悪くも大手体質

マンション、ビル、公共施設などの管理運営から工事までをサポートするプロパティマネージメント屋さん。大手ゆえにコンプライアンス意識は高いが、そのぶん慎重で社内保守のための事務処理業務が多い。部署次第では休日出勤が多く、勤務時間も長い。営業と内勤の給料差が少なく、営業も比較的なごやかな雰囲気。年功序列なので、資格さえ取れば昇進がしやすい。

LIST 31

東京建物株式会社

NO.1
財閥系不動産会社

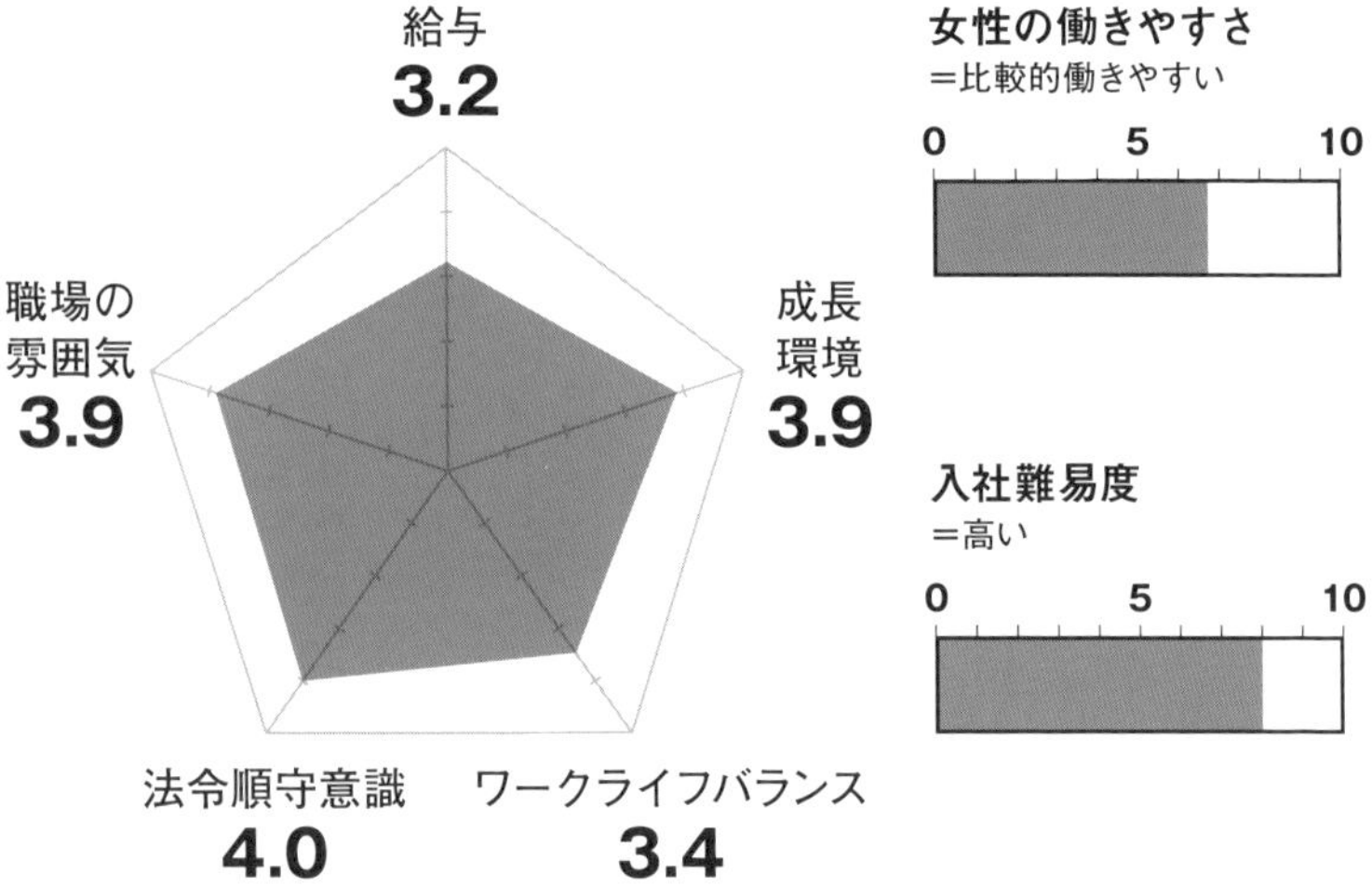

一定レベルの成果が大事
定年まで勤務も可能

財閥系の大手デベロッパー。無理をせずにある程度の業績を上げ続けることが重視される。チャレンジ性やスピードよりも確実性が求められ、年功序列で昇給できるため、じっくりと業務を進めたい人に向いている。それをぬるま湯と感じる人には不向き。また、雰囲気こそ落ち着いているが、部署によっては業務量が多く、公私のバランスを調整しにくいこともある。

LIST 32
東建コーポレーション株式会社

NO.13

土地有効活用

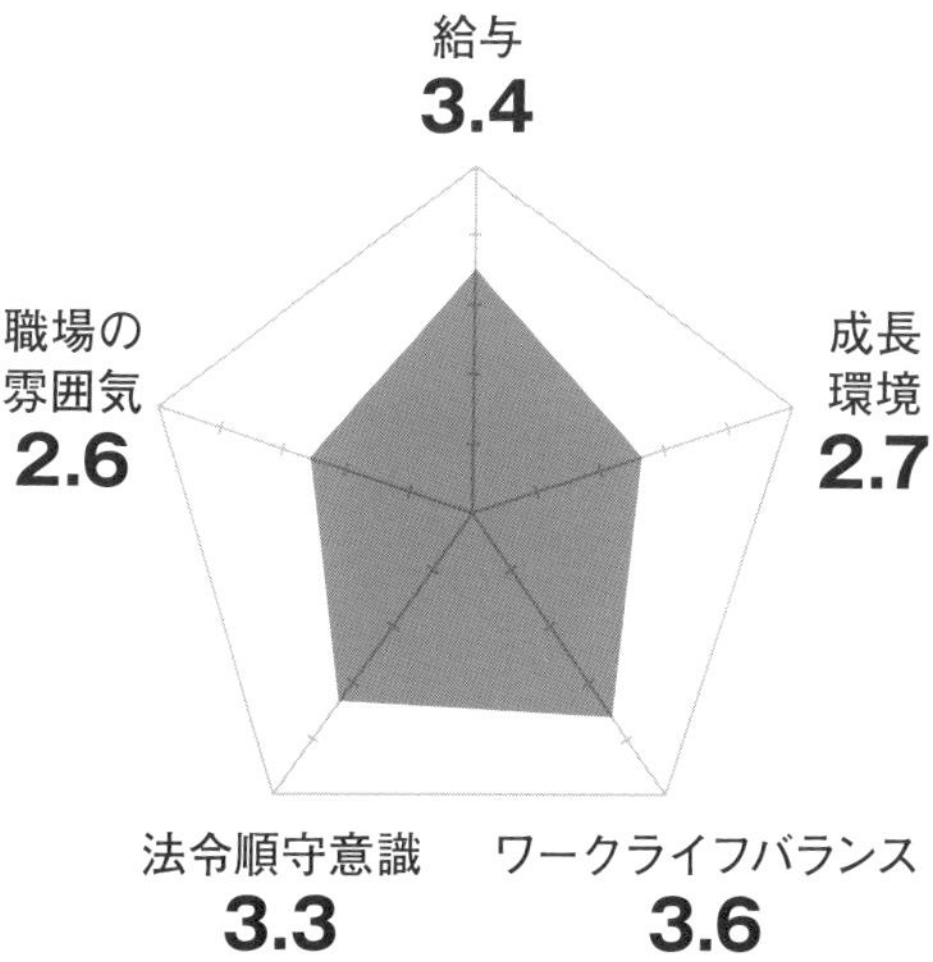

女性の働きやすさ
＝比較的働きやすい

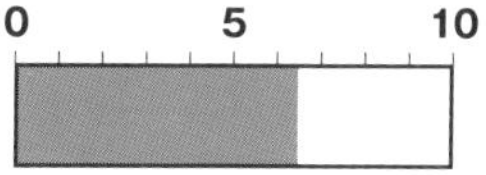

入社難易度
＝普通

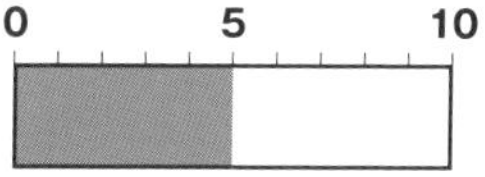

数字がすべての実力主義
心身を鍛錬したい人向け

土地活用のための賃貸物件を建てたり管理したりするサブリース屋さん。上司の命令は絶対なので、良い上司に恵まれるか否かが生命線。社風は体育会系で、心身ともに叩き上げたい、タフになりたいという人には向いている。地主に可愛がられて数字を上げることが何よりも優先されるので、そのイズムが合わない人は短期で辞めていく。離職率は高い。

LIST 33
一般財団法人 日本不動産研究所

NO.8
不動産鑑定士

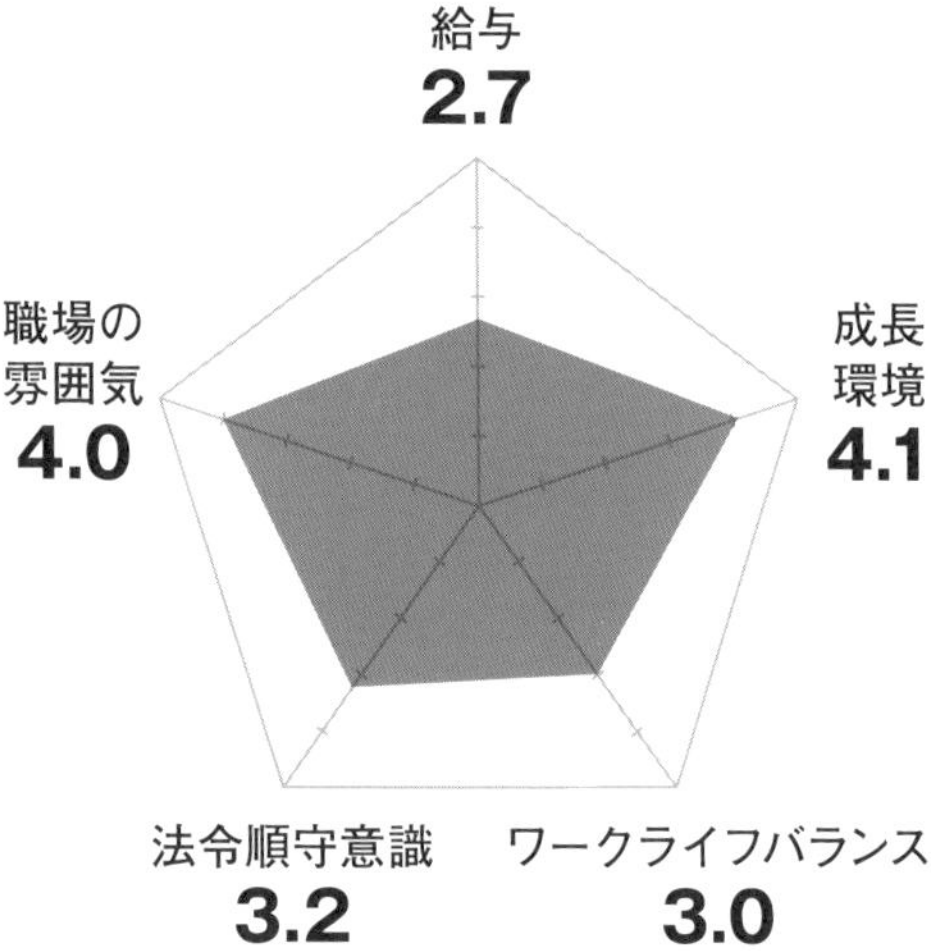

女性の働きやすさ
＝一般的

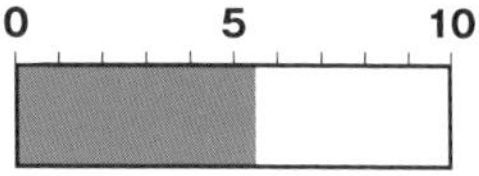

入社難易度
＝やや高い

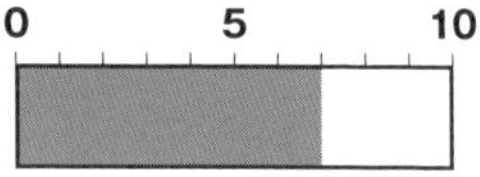

保守性が特徴的な老舗鑑定企業

不動産の鑑定評価などを行う民間団体。旧・日本勧業銀行（現在のみずほ銀行）の不動産鑑定部門が独立して設置された経緯を持つ。歴史は古く、まじめな職員が多い。言い換えれば、人も組織も保守的。チームより個を重視する専門家集団なので、人間関係はフラットで上司からのプレッシャーは少なめ。全国展開しているため､転勤も視野に入れておかなくてはいけない。

LIST 34
野村不動産株式会社

NO.3
大手ビル賃貸業

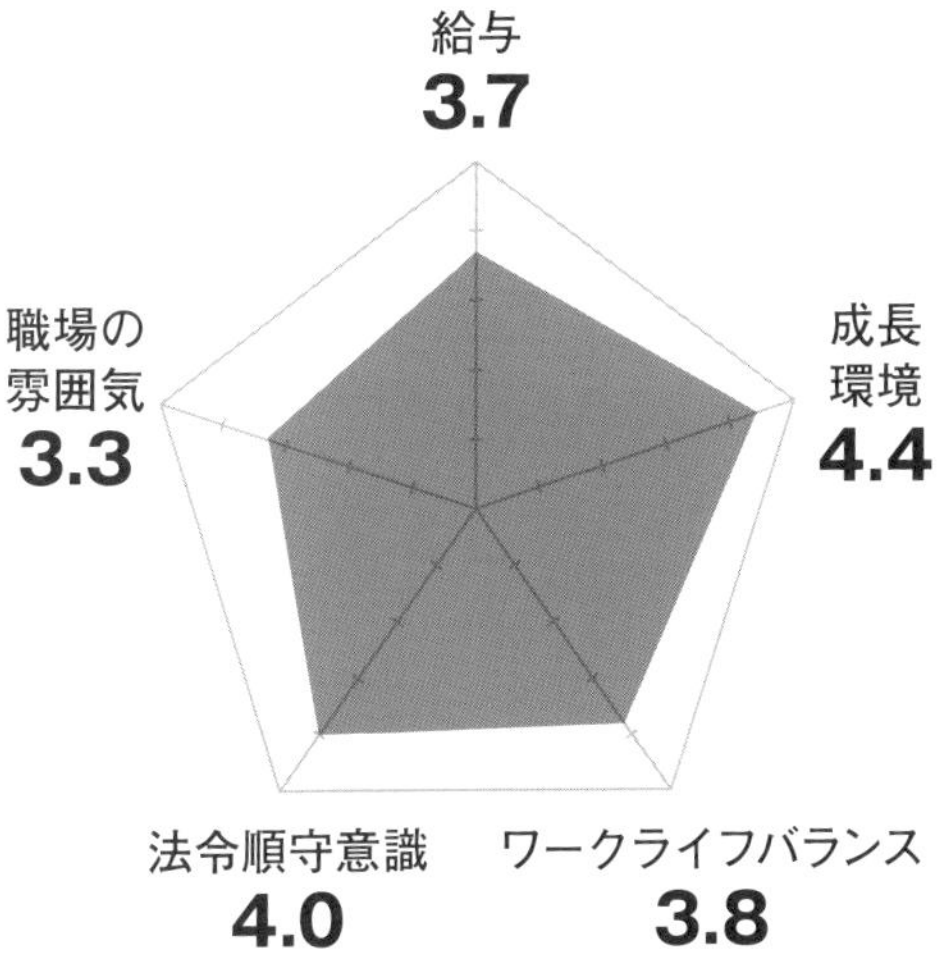

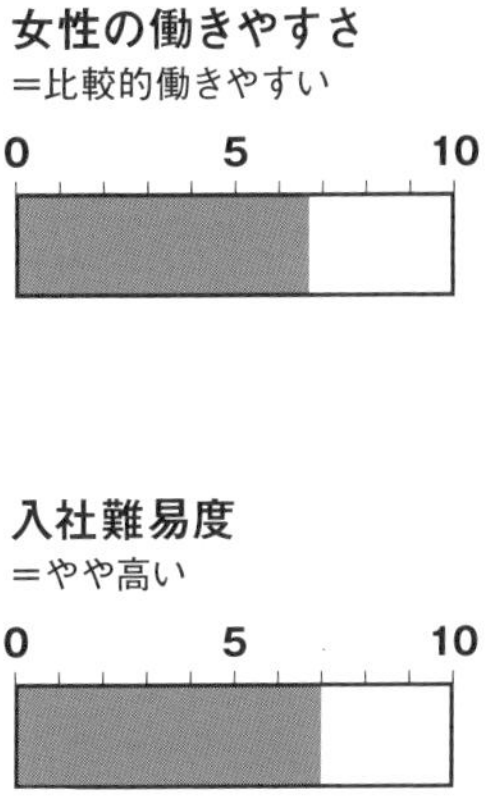

大型プロジェクトを任され若手が成長できる環境

手堅い企業の代表格として知られていたが、PMOシリーズというIT企業などへ向けた中小型オフィスビルがヒット。近年はダイバーシティを推進し、古い社風からの脱却を試みている。土地仕入れから販売、不動産仲介、証券化など経験できる業態が幅広く、ゼネラリストとしてのキャリアを積みやすい。若手も大きな仕事を任されるため成長しやすい環境。

LIST 35

ヒューリック株式会社

その他
大手子会社系
不動産会社

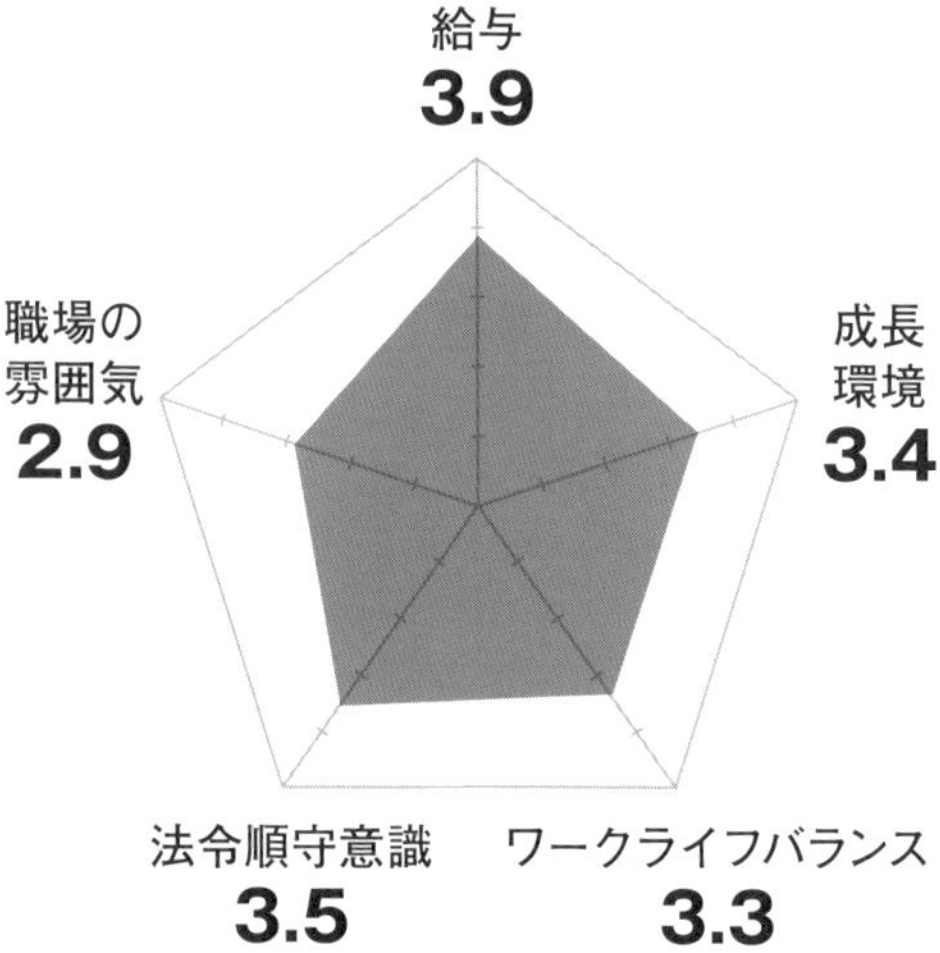

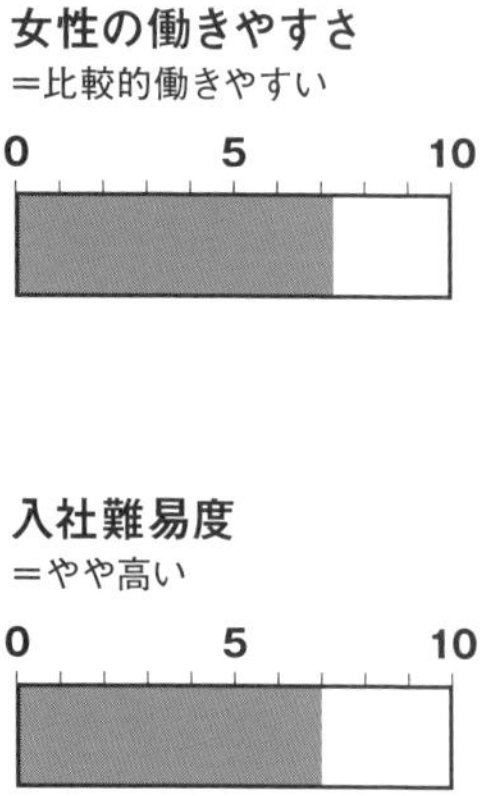

高額な給与が期待できる不動産ドリームがここに

旧富士銀行の店舗を保有する安定感に加え、重要物件を積極的に獲得することでマーケットを席巻。銀座区分オフィスを120億円で取得し、2か月後に200億円で転売するなど、不動産ドリームを感じられる逸話も多い。社内には1000万円超えの社員も多いとか。社内保育所があり、子供を持つ社員も働きやすい環境。残業や休日出勤もあるが、休暇はかなり取りやすい。

LIST 36
三鬼商事株式会社

NO.10
オフィスビル仲介

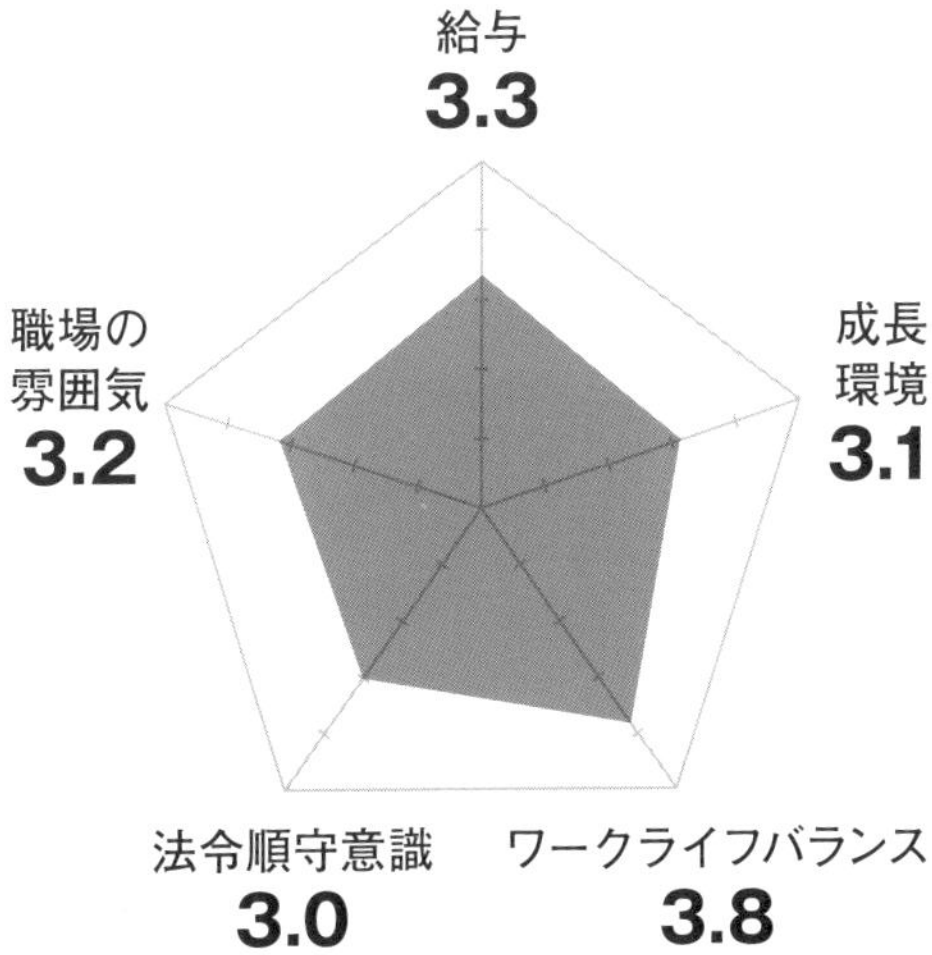

女性の働きやすさ
=比較的働きやすい

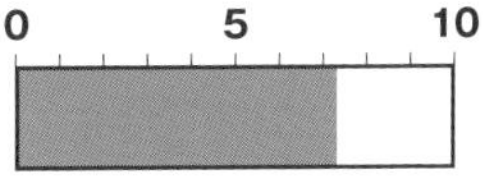

入社難易度
=やや高い

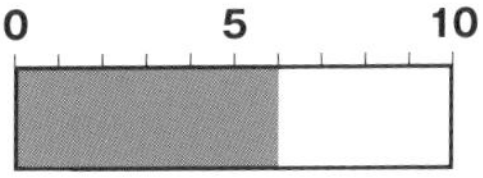

老舗ならではの安定性と残業の少なさが魅力

法人向け貸事務所・賃貸オフィスの仲介屋さん。仲介一筋50年の老舗。無借金経営のため、突然の倒産などは起きないと思っていいだろう。営業職はインセンティブがあり、成果を挙げた分だけ給与に反映される上、固定給もそれなりに保証されている。相手が法人のため残業はほとんどないが、月に2回、午前中のみ土曜出勤がある。女性社員は基本的に事務職採用。

LIST 37

三井不動産株式会社

NO.1
財閥系不動産会社

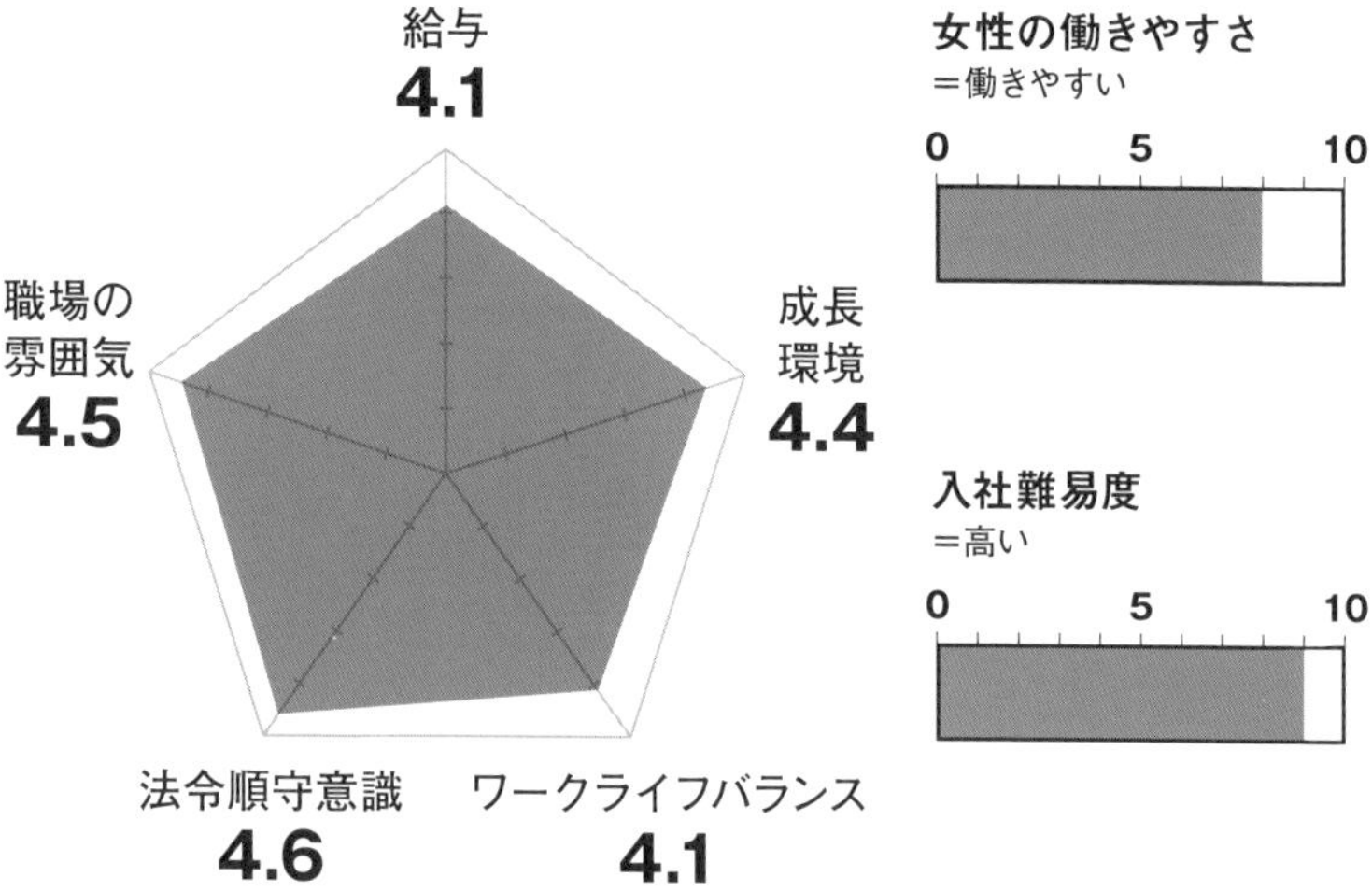

三井グループ御三家の一つ
全体的にレベルが高い

オフィスビル、商業施設、マンションなど幅広く開発事業を展開する大手デベロッパー。三井住友銀行、三井物産と並ぶグループ御三家のひとつ。戦後一貫して業界内の売上1位に君臨し、給与、福利厚生、プロジェクトの規模など、どれをとってもトップクラス。フレックス制度を活用できるほか、自社保有のコワーキングスペースでの労働も可。残業も減ってきている。

LIST 38
三菱地所株式会社

NO.1
財閥系不動産会社

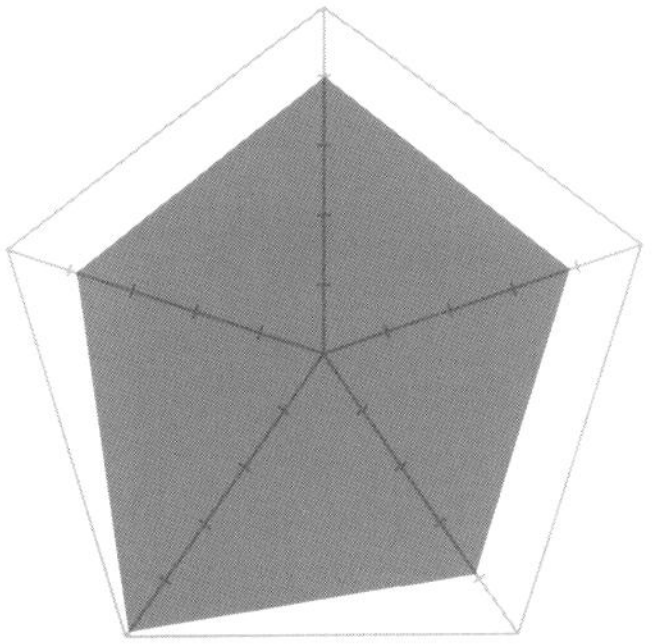

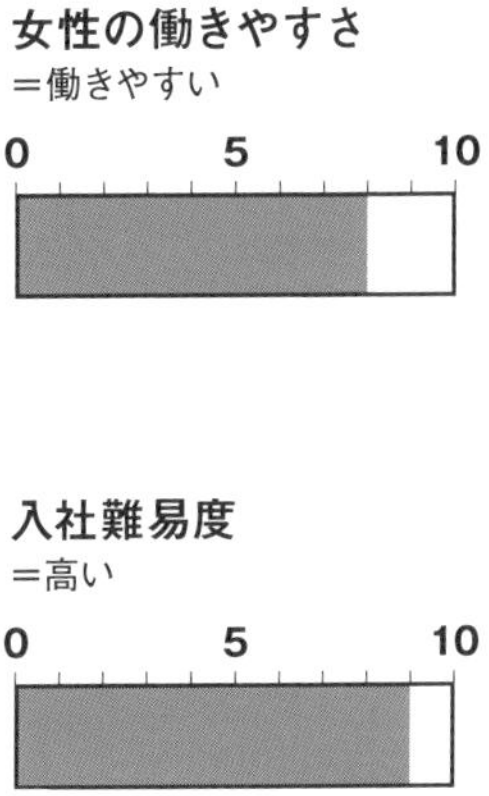

給与体系◎、福利厚生◎
さすがの三菱ブランド

オフィスビルや商業施設の開発・賃貸・管理などを行う総合デベロッパー。不動産ピラミッドのトップオブトップ。フレックス、テレワークを取り入れるなど、ワークライフバランスも考慮されている。産休・育休の取得率も高い。新卒社員でも大型の事業投資が可能な点が大きな魅力だが、実力主義というよりは社内政治で上にのぼっていく傾向が見られる。

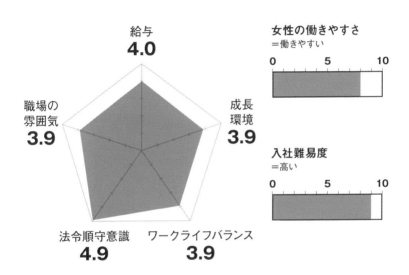

LIST 39
三菱地所リアルエステートサービス株式会社

NO.6
大手法人向け仲介会社

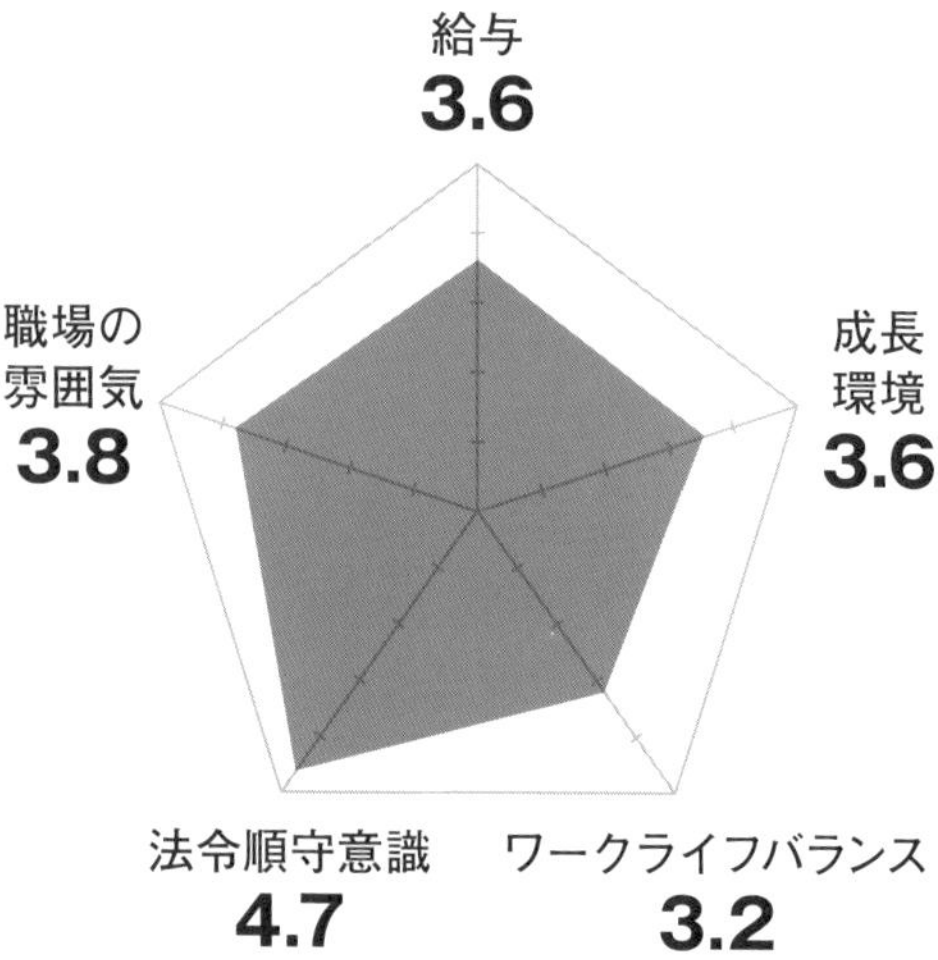

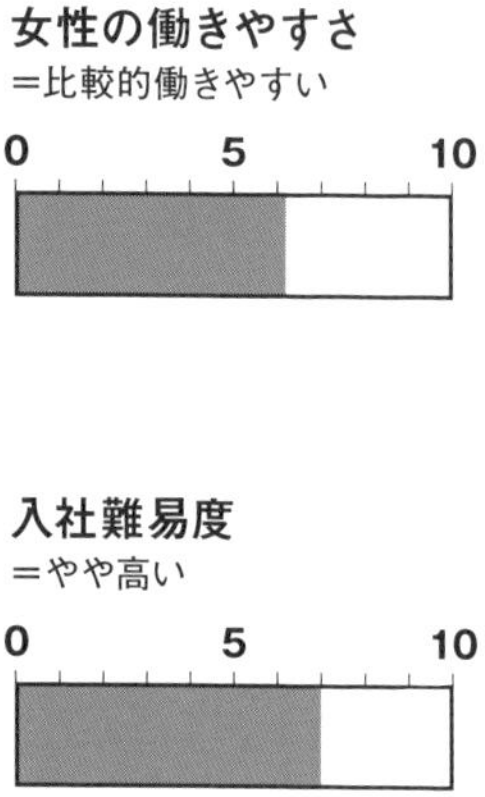

社風は硬いがその分手堅さに優れる

法人・個人向けの不動産仲介屋さん。親会社である三菱地所からの出向は少ないが、古い会社ならではのお堅い社風は否めない。コンプライアンス意識が高く管理や間接部門では女性の採用も産休・育休取得者も増えているが、営業職はこれからという雰囲気。スキルアップのための補助が出るなど、意欲的な社員への待遇は手厚く、家賃補助などの福利厚生も充実。

LIST 40
安田不動産株式会社

NO.1
財閥系不動産会社

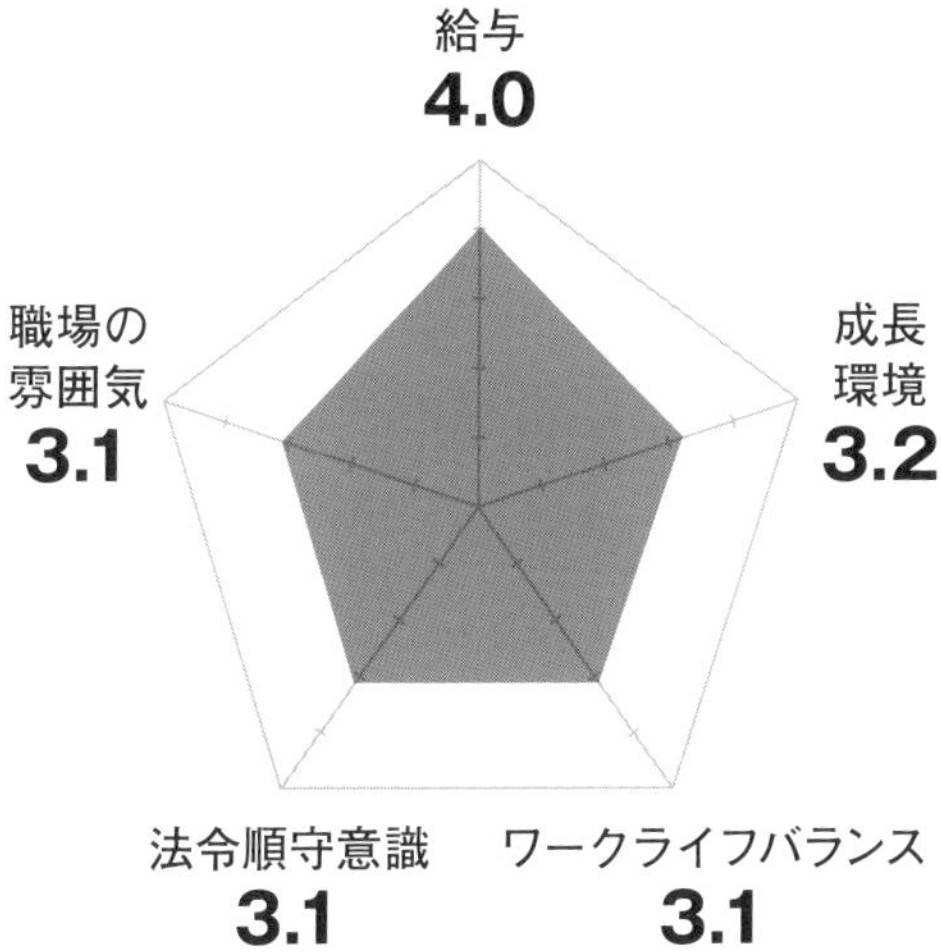

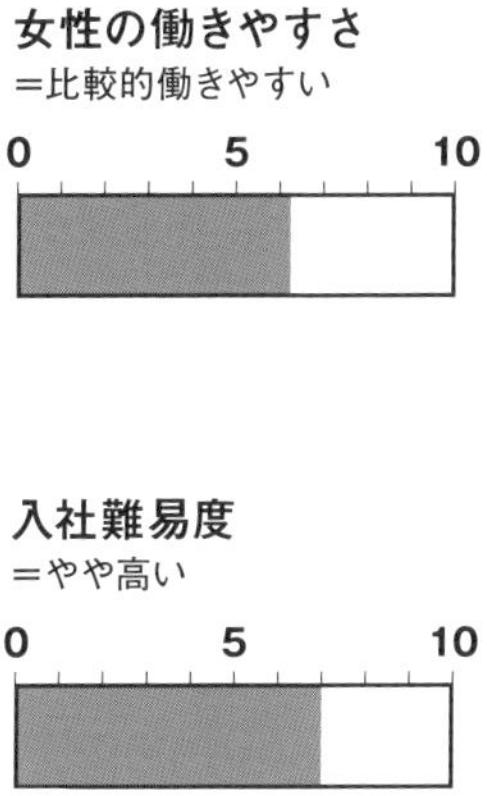

業界の人は知っている隠れた優良企業

東京建物の弟的存在。旧安田財閥の土地を相続しており、一定の固定収入を持つという恵まれた背景を持つ。地味であまり知られていないが、実は三菱地所にも劣らない給与水準と福利厚生を誇る。もっと自分のスキルを生かしたい、キャリアアップしたいと思っても、待遇の良さから転職に踏み切れない人も多い。定期的に新卒採用を行っている点もポイントだ。

LIST 41
日本リージャス株式会社

その他
サービスオフィス運営

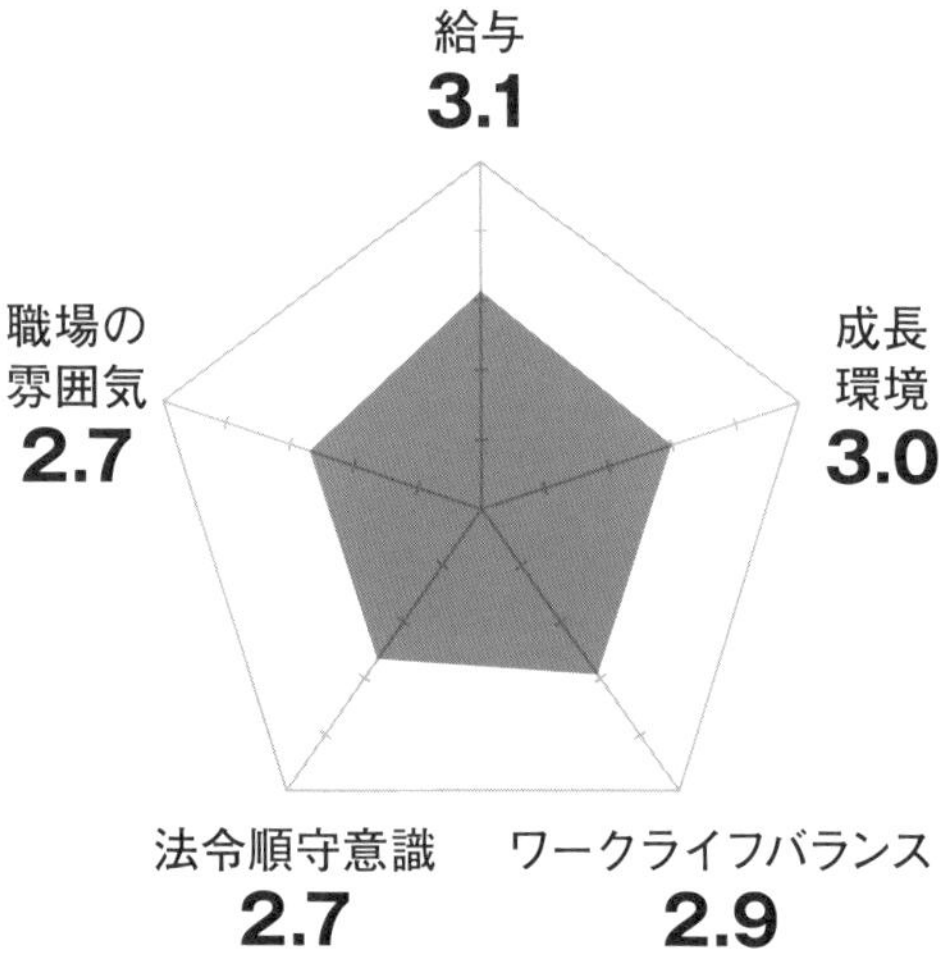

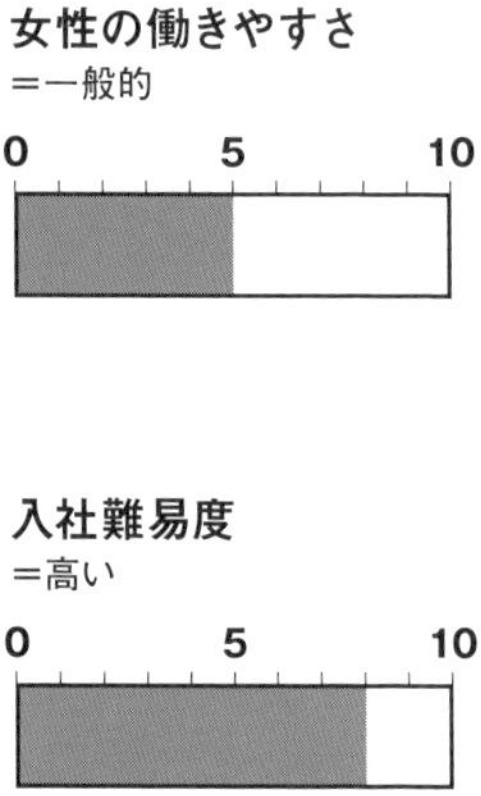

人員が少ないため
マルチタスクは必須

レンタルオフィスという業態を日本に広めた立役者。元来はルクセンブルク発の外資系企業だったが、2019年4月に貸会議室の国内大手TKPにより買収。近年はコワーキング風のサービスを始めるなど新しい試みに取り組んでいる。社内システムはすべて英語のため、最初はとまどうかもしれない。一方で、業務に対して人員不足の声も。女性社員が多いのも特徴だ。

LIST 42
株式会社レオパレス21

NO.13
土地有効活用

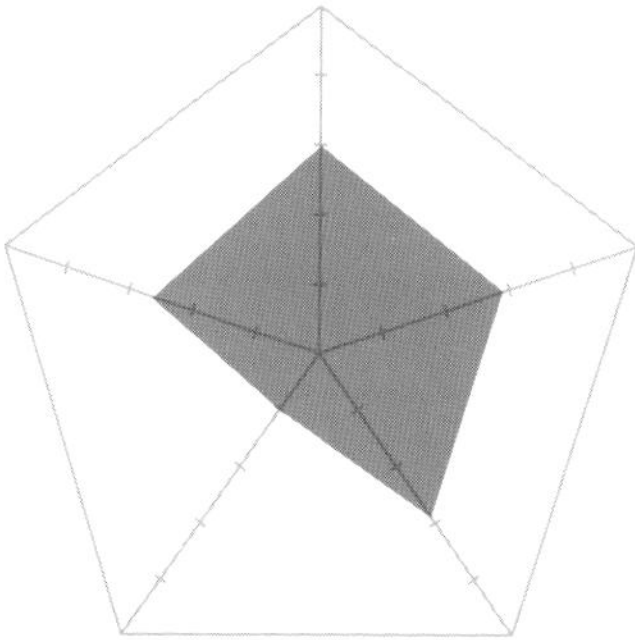

女性の働きやすさ
＝比較的働きやすい

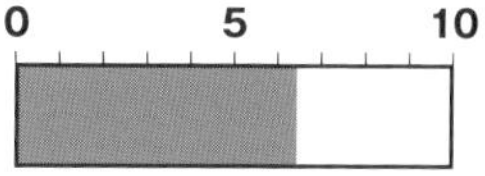

入社難易度
＝普通

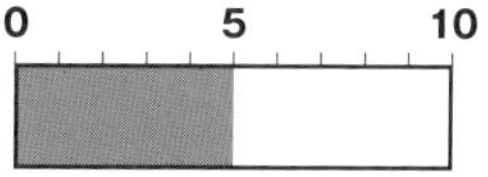

コンプライアンス意識や企業体質が急速に改善中

土地活用のための賃貸物件を建てたり管理したりするサブリース屋さん。賃貸住宅の開発事業や老人ホーム事業なども行っている。法人向けのビジネスモデルも強みのひとつ。コンプライアンス意識は急速に改善中だが、体育会的な社風は否めない。管理職のポストが詰まりつつある一方、2019年9月時点において施工不良問題に収束の兆しが見えていないことに留意。

全宅ツイ座談会 ②
新卒カードで狙うべき業種・会社

一生に一度の新卒カードで入社すべきは、どの企業か？「自分がいま新卒ならどこに入りたいか」をテーマに、話を聞いた。

狙い目はこの8社

- 安田不動産
- 世界貿易センタービルディング
- ダイビル
- 三菱地所リアルエステートサービス
- 東急リバブル
- 三井不動産リアルティ
- ジョーンズ ラング ラサール
- 郵船不動産

※座談会出席メンバーはP.50～52を参照

実力・人脈を培うなら仲介業を狙うべし

全宅ツイのグル　売り手市場と言われるいま、新卒カードを使って入社すべき不動産会社、業種ってなんでしょう？ 言い換えれば、みなさんがいま新卒に戻ったとしてどこに入りたいか。なぜそこなのか。ちなみに僕がいま新卒なら、**大手の法人仲介業**に入ります。昔ほどノルマが厳しくないし、売買そのほか法人対応のスキルを磨いてから買い手側に転職すれば、上司先輩部下が全員優秀な不動産情報先になるので。

仲間内で物件のやり取りをするだけでご飯が食べていけそうです（笑）。実際に法人仲介業のOBと、現役で船団組んで不動産漁やってるみたいですしね。辞めても一番応用が利きそうです。

札束くん 僕も**大手仲介業者で、リテール（個人向け営業。P．153参照）・ホールセール（大手法人向け営業。P．152参照）どっちもやってる会社**に入りたいですね。物件情報が勝手に降ってくるのは超ありがたいです。

全宅ツイのグル 物件情報が勝手に降ってくるのは強すぎますよね。

札束くん 今だと、ホールセールとリテールの行き来があるのって**東急リバブル**くらいな気がしますね。

全宅ツイのグル 新卒入社でリテールからホールセールへの異動、激レアだけど住友不動産販売はなくもないみたいです。まぁ、ホールセール行きたかったら、中途でも入れるからあえて新卒でなくても。

札束くん ですね。証券化マスター（P．149参照）の資格を持っていれば、リテールからホールセールへの転職余裕だし。

全宅ツイのグル 仲介業の魅力ってなんですか？

フォレスト・ダンプ　**仲介がいちばん付き合いは広くなりますね。自分の実力を上げられるのも魅力です。**会社の看板で土地を買う仕事をしていてもイマイチですし。

全宅ツイのグル　これね。いつまでも会社パワーから抜けられないのはちょっと。まぁ会社で偉くなる道を突き詰めるのもひとつの作戦だけど。

札束くん　業界的なヒエラルキーの中では仲介ってポジション低めかもですけど、売主・買主、相手側の仲介業者の三者を動かす楽しさって、自社の資金で行う物件の売買より僕は好きです。一番脳汁出る。

フォレスト・ダンプ　土地を仕入れる場合もどっちみち会社の上の人間との仲介ですから、それなら仲介会社で働いた方が力が付く気がします。

ガシガシ働きたいのか？　まったり働きたいのか？

全宅ツイのグル　ガンガン働きたい人と、まったり働きたい人がいると思うんですが、まったり系の企業だとどんなところがありますか？

かずお君　**世界貿易センタービルディング**みたいな、少人数の大家さん系不動産屋さん。

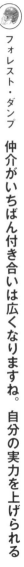

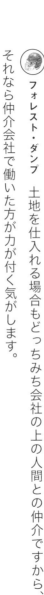

そういうところで定年までのんびりしたい。

デベ夫人　私も同じく、**安田不動産**みたいな少人数まったり会社を推します。最近デベロッパーは人気職種で、入ってくる女性社員もまったりの対極で鼻息が荒く、「私が！ 私が！」みたいな押し出しの強いタイプが多いので、のんきな人はストレスをためそう。

札束くん　**三菱地所リアルエステートサービス**も、割とまったりのイメージかな。

ペー鑑　信託銀行も、労働環境とほどほどの給料を求める就活生には悪くないですね。終身いるべき会社ではないと思いますが。

リチャードホール　法人仲介なら東洋プロパティもまったりしてるがイメージあります。情報が若干なりとも降ってくるし。

全宅ツイのグル　まったり系を見抜くポイントは？

デベ夫人　うーん、やっぱり**純資産指数の高い会社はまったりしてます**よね。結婚などでライフステージが変わりやすい女性には、とても向いてると思います。よくある「アタシはこんなに働いてるのに、アンタは時短でさっさと帰って！ キー!!!」みたいなのは、地主系の会社では聞かないですね。

フォレスト・ダンプ　でも、まったり系も良し悪しですよ。僕の知り合いが都内のN不動産

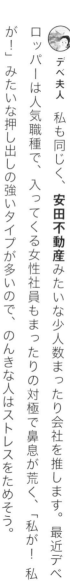

というものすごく老舗の不動産会社で働いてるんですけど、やること何もないって言ってました。営業の目標も毎年未達で、それでも全然よくて、保有物件の賃料収入で十分食えてるって言ってました。給料も悪くないです。

デベ夫人　**そもそも、自分はガシガシ働きたいのか、まったり過ごしたいのか、新卒時には分からないのよね**。ガシガシ仕事したい人がまったり系に入社した場合、そのまま骨抜きになってなじめればいいけど、疑問感じて辞めちゃうって若者って結構いる。

リチャードホール　分かる。

DJあかい　会社を食わせる営業マンか、会社に食わせてもらう窓際か、どちらがいいかは人によりますよね。でも、**新卒のうちにブラックだホワイトだって選り好みして選ぶと、結局自分が損する**とは思います。ホワイトってのは結局、会社の看板や資産に食わせてもらってる立場なわけで。

札束くん　ただまったり求めるだけなら、不動産やらなくてもいい気もするね（笑）。

デベ夫人　でも、意外とまったり業種ってほかにないのよ。昔は日本興業銀行とかあったけど！

フォレスト・ダンプ　大家業の業種ほどまったりできるとこないですよね。大学の同期の話

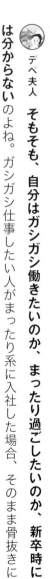

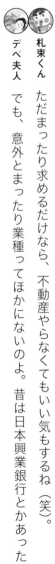

を聞いてても、みんな大変そうですもん。

全宅ツイメンバーがもう一度就活するなら…

全宅ツイのグル　そのほか、「新卒に戻ったら受けたい会社」はありますか？　僕らはほとんどが就職氷河期世代なので、身に染みるテーマですが（笑）。

ペー鑑　新卒に戻れるなら、とりあえず、業界最上位の三井不動産・三菱地所・安田不動産を狙います。大手法人仲介会社で不動産取引の基礎を学ぶ選択をすると思います。

杭　生まれ変わったら、**安田不動産**に行きたいです。

全宅ツイのグル　安田不動産人気ですね。

杭　どう転んでも取れる選択肢が多いので。

フォレスト・ダンプ　でも、安田不動産だと合コンでモテなくないですか？　三菱地所と三井不動産はモテモテですよ。

全宅ツイのグル　なるほど、合コンや結婚も視野に入れて。ちなみに、三井不動産は可愛い女の子多いですよ。ええとこの子も多いし、そこで結婚してサラリーマン人生歩むのもひとつ

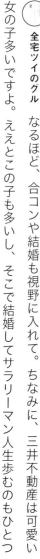

の手。ほかはどうですか？

デベ夫人　**郵船不動産**も好きですが、安田や平和に比べると少し給与水準が落ちそうですね。あと、**ダイビル**も大好きです。でも大阪ベースの暮らしになるね。

リチャードホール　ダイビル行きたい。

DJあかい　三井不動産リアルティは若手の育成にかなり力を入れているらしく、いいかもしれませんね。

デベ夫人　あと、新卒で募集しているところは少ないのですが、外資系不動産企業の「**自分がやることだけはちゃんとやって、あとはドライに過ごせる**」っていう環境も魅力を感じます。

杭　成長真っ只中の勢いを感じられるという点で、**ジョーンズ ラング ラサール（JLL）**も気になります。ほどほどに自由な気風で拡大しつつあるという印象なので。そこから転職する人も多そうなので、人脈にも繋がりそうです。

リチャードホール　今なら日本GLPもありかも。変わったスキルつきそうだし。

ペー鑑　そうですね、物流系の企業はまだまだ伸びそうなので、面白いと思います。

札束くん　物流は確かに伸びそう。

DJあかい　いろいろ出たけど、結局、年齢や状況によって同じ人でも求めるものが変わるよね。

全宅ツイのグル　そうですね。そのとき伸びてる業種って、すごい会社の雰囲気も良くて楽しいはずなので、そういう業種に行きがちかもしれない。あとから振り返って「もっと良い選択が」って言っても詮無いのかも。

札束くん　**「持ち場で頑張る」が真理**かもしれないですね。

Part 5

オフィスでは言えない!? 不動産マンの〝本音〟ツイート集

【面接&内定研修】編

全宅ツイ会員である不動産マンたちが呟いた、就職活動時の実体験から面白いものをピックアップ。謎の合格理由や超圧迫系の面接など、一般企業では考えられない逸話が集っている。他の会員による返信と併せてチェックしてみよう。

りちゃーどほーる
@okirerebc

焼肉ご馳走になった後に転売業者の内定辞退したら、「焼肉食ったのに辞退するんか？舐めてんのか？なぁぁぁ！首縦に降るまで帰さへんぞ！」って言われて2時間軟禁されました。

21:54 2019年4月2日

デベ夫人@devemistress 4月3日
返信先@okirerebcさん

わたしは超氷河期だったので拘束はなかったですが、最近は軽いやつがあるみたいです。人事もなかなか大変そうですね。

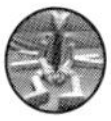

杭@real_puppet_man 4月3日
返信先@okirerebcさん

同じく氷河期採用だったので拘束らしい拘束はなかったですね。その代わりに意図してたかどうか分からないですけど、内定者バイトの誘いがあって、他の選考を蹴ることにはなりました。

新卒くん
@shinsotsukun_

「1人づつ実家の住所言ってみ」「お、君んちのマンション、今ニーキュッパで出てるで」「あー、君んちは賃貸なんか」と実家の批評もされる謄本についての研修。

22:53 2019年4月16日

かずお君@kazuo57 4月17日
返信先@shinsotsukun_さん

僕の実家が開発事業部の地上げ対象地に入ってた時はふいた。

デベ夫人@devemistress 4月17日
返信先@shinsotsukunさん

wwwwwwwww

全宅ツイのグル@emoyino 4月17日
返信先@shinsotsukun_さん

お父さん息子の就職祝いに売ってあげたらよかったのにwwww

ぷんた
@55openman

「稼げる会社だと思ったからです！ 自分には夢があります！ ガンガン金稼いで！ 5年で辞めます！」と大声で言っていた子が採用されました。志望動機なんて真剣に考えるもんじゃないんですね。

16:02 2019年3月31日

DJあかい@aka1you 4月1日
返信先@55openmanさん

戸建販売会社の面接ならアリかも。

リチャードホール@okirerebc 4月1日
返信先@55openmanさん

某企業では、面接で第一志望です！って絶叫し続けたら内定もらえるって都市伝説ありましたね。

全宅ツイのグル@emoyino 4月1日
返信先@55openmanさん

この志望動機も諸刃の剣よね。本当、会社によると思う。

DJあかい
@aka1you

二次面接で社長が出てきて夢とか理念とかONE PIECE っぽいことばっか言ってたので、えっ?って顔してたら次に進めませんでした。

13:00 2019年3月30日

リチャードホール@okirerebc 3月31日
返信先@aka1youさん

それぞれの不動産会社にはそれぞれの宗教があるもんね。

札束くん@fudousanyatan 3月31日
返信先@aka1youさん

入信を誓わないと入社は厳しい。

かずお君@kazuo57 3月31日
返信先@aka1youさん

ワンルーム販売とか投資用販売の会社だと、他社にいた奴は余計なこと知ってるから使えない。ピュアな若者取りたいからキラキラ！ 仲良し！ が効く 。

つむだい
@da180_t

御社が第一志望です!!と嘘偽りのない目で平然と嘘偽りを吐いてください。いいのです!それができることが見られています!が、内定辞退の話をするときは覚悟しておけよ。

18:15 2019年4月3日

全宅ツイのグル@emoyino 4月4日
返信先@da180_tさん

これは面接する側になって思ったけど、やっぱり他の結果次第で〜とか言われると、とっても萎えましたな。

デベ夫人@devemistress 4月4日
返信先@da180_tさん

学生の歩止まり(辞退)を予想するのは難しいと人事も言ってますね。不動産はかつては業界的に縁故採用が多かったのが、最近はコンプライアンスの関係で撤廃している企業が殆どなので入社率は毎年大きく異なります。7割切るぐらいですかね。

グリップ君/全宅ツイ
@kuso_bukken

内定研修で全員プールに入れて背中の刺青チェックするのって御社でしたっけ？ 別のとこでしたっけ？

17:08 2019年3月20日

かずお君@kazuo57 3月21日
返信先@kuso_bukkenさん

僕の同僚で、合宿とか行っても絶対大浴場こないやつがいるんだけど、入れ墨入ってんのかな。

リチャードホール@okirerebc 3月21日
返信先@kuso_bukkenさん

入れ墨チェック…はしてないですね。Facebookは見てますね。

DJあかい@aka1you 3月21日
返信先@kuso_bukkenさん

Facebookでマルチ商法とかやってないかチェックします。派遣社員とか、結構カジュアルにマルチをやってるケースがあるんです。

ぷん太
@55openman

面接のたびに感情が高ぶって震えながら泣いちゃう子がいました。採用されてました。面接練習って必要なんでしょうか。

12:22 2019年4月15日

全宅ツイのグル@emoyinio 4月16日
返信先@55openmanさん

まぁなんか面接の土壇場で謎の胆力みせる子とかいて、それは不動産屋さんに向いてる気はする。

DJあかい@aka1you 4月16日
返信先@55openmanさん

女子はまだいいと思うんですけど、男子だとこれは…。無しですよね。

札束くん@fudousanyatan 4月16日
返信先@55openmanさん

僕は最後質問ある人って聞かれて、なんかおもろいこと言おうと近くの美味い店聞いてました。

あくのふどうさん
@yellowsheep

面接が3次面接まであって、1次面接は人事部の可愛いお姉さんで軽い質問で終わってヤッターと思ってたら、2次面接で営業部長のゴリラからバチ詰めされてそのまま3次面接させられて社長からもバチ詰めされたのに内定もらいました。

19:02 2019年4月5日

かずお君@kazuo57 4月6日
返信先@yellowsheepさん

最初は2〜3年目のイケてる感じの若手社員が出てくる。その後営業課長とかと会って、それ突破したら出てくる人事部長が竹内力にクリソツでした。

リチャードホール@okirerebc 4月6日
返信先@yellowsheepさん

赤鬼だ。

ぷん太
@55openman

入社前内定者研修にて「てめぇらはな！ これまで何にも本気にもなれず、人間としては15点くらいのもんだ！ クソみてぇな志望動機は聞き飽きたんだよ！ どうなりてぇんだ！」なんで内定くれたんだろ。

14:58 2019年3月27日

全宅ツイのグル@emoyino 3月28日
返信先@55openmanさん

面接の時と入社後で部長は双子の兄弟かよ！ってぐらい態度違うよね。

デベ夫人@devemistress 3月28日
返信先@55openmanさん

うちはないかな…。

フォレスト・ダンプ@yh_shiraishi 3月28日
返信先@55openmanさん

あと、採用しといて使えなかったら怒る。これはよく見た気がしますね。

全宅ツイ座談会 ③

女子目線で見る不動産業界 A to Z

男性社員のイメージが強い不動産業界で、女性が活躍している会社、業種は果たしてあるのだろうか？ 現役女性社員がその内実に迫る。

個人相手の取引は女性、法人相手の取引は男性が多い

全宅ツイのグル 今回は「女子目線で見た不動産業界」というテーマで。一応司会ではあるんですけど、僕だけ男性だとアウェー感ありますね（笑）。まずは女性が活躍している会社、業種について教えてください。

C 新卒という条件を外せば、**女性が活躍しているのは住友不動産ですね**。中途採用で40代くらいのプロパティマネージメント（P.152参照。以下PM）担当の女性を採用して、各ビルの防災センターに置いています。逆に新卒の女性総合職はほぼゼロですね。

みくぴっぴちゃん（公式） 住友は、新築の現

座談会メンバー

全宅ツイのグル
こちらの座談会でも、唯一の男性陣ながら司会として参加。数少ない全宅ツイ女子会員が集まった座談会に興味津々。

デベ夫人
座談会①、②に続いて参加。新卒生え抜きならではの視点で語る、不動産業界における女性の理想的な働き方は説得力十分。

C
AMとして取得から期中運営、売却、開発などさまざまなフェーズを担当。早い話が人手不足。宝くじを当ててリタイアしたい。

みくぴっぴちゃん（公式）
不動産テック営業として入社した後、現在はデベロッパーに転職してほぼ内勤の毎日。高校野球と競馬とハワイが好き。

場とかも意外に女性が多いです。

C　一戸建てやマンションの販売センターってことですか？

みくぴっぴちゃん（公式）　そうです、そうです。パートかなと思ってたけど、ちゃんと社員で。

全宅ツイのグル　住友に限らず、オフィス賃貸の誘致も女性営業が結構いるイメージです。

デベ夫人　営業は全般的に女性が多いですね。あと、PMの部署は6割女性です。**土地や建物の所有者と、継続的に関係性を維持するところは女性が多い。**あと、店舗営業も女性が多いです。

みくぴっぴちゃん（公式）　**逆に法人を相手にする業種は男性が多いですよ**ね。法人仲介とか小口化商品（P.147参照）の販売とか。**用地の仕入れも男性ばっかり。**特にマンション用地は男性が多いんじゃないかなあ。でも、男ばっかりだからこそ、女性の時点ですごいアドバンテージがあるかも。**100人の男性営業の飛び込みより、1人の女性営業の飛び込みが効いたり**して。

デベ夫人　**男性の地主とかブローカーを相手にするには、女性が有利っていうのはあると思います。**

女性が数字を争うのは常に女性！

全宅ツイのグル　個人的な経験から、女性の用地仕入れの方が成績がいい傾向があると感じています。男性の方が「損したらどうしよう」ってビビってしまう印象なんですが、どうですか？

デベ夫人　**女性は出世とか気にしてない人が多い**ですからね。失うものがあまりない。あと、**女性の方が仕事で褒められたいという承認欲求が強い気がします。**だから結構頑張るのかも？　私も、前に営業にいた時は女性同士で数字を競ってました。**女性が数字を争う相手って、男性じゃないんですよ。女性。**

みくぴっぴちゃん（公式）　なんか分かります。同じ営業でも、男性の数字はあまり気にならない（笑）。男性はライバルというより共存関係。だから、**女性が多いことが女性にとって働きやすい環境であるとは、どうしても思えなくて。**

デベ夫人　その通り！

みくぴっぴちゃん（公式）　気の合う女同士が一緒になると最強なんですけどね。

全宅ツイのグル　なんで出世したくないんですか？

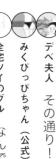

デベ夫人　**責任も押し付けられるし、昇進がからむと、とたんに男性の目が厳しくなるか**ら。それまでは同志だったのに、ライバル視されるようになる。

C　昇進がからむと、今まで以上に同僚女性の目も厳しくなりますしね。

みくぴっぴちゃん（公式）　そうなんだ……。

デベ夫人　しかも、昇進したところで大して給料上がらないんですよ。時給換算してみると、メリットがあまりないのが分かる。

全宅ツイのグル　時給換算大事です！

高待遇を狙うなら不動産カーストの上位企業を！

デベ夫人　給料といえば、某財閥系不動産はオフィス営業で「喜び組」という30代くらいの契約社員女子をいっぱい採用してるんですけど、みんな給料やっすいんですよ。

C　ほんと安い。

みくぴっぴちゃん（公式）　私が受けた財閥系不動産会社の採用も、たしか契約社員メインでした。**契約社員と知らずに行って、年収400万って言われて「帰ろ～」ってなった。**

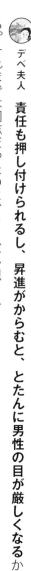

デベ夫人　みんなどこも契約は４００万円くらいだと思う。別の財閥系不動産はオフィスビル誘致部隊が全員生え抜き正社員ですし、ヒルズで知られるあの会社はキャリア正社員が多かったりと、企業によって人事戦略も違いますね。

全宅ツイのグル　契約社員の給料に、インセンティブみたいなのは付かないんですか？

デベ夫人　オフィス誘致の営業や店舗営業では聞かないですね。仲介じゃなくて自ら賃貸だから。

全宅ツイのグル　女性に向いてる業種ってありますか？

デベ夫人　**女性ってＢｔｏＣ（法人対個人）のビジネスに目を向けがちですけど、ＢｔｏＢ（法人対法人）の方が絶対にいい**ですよね。一件がデカい方がやりがいとお金がついてくる。

Ｃ　会社の格と取引関係ですべてが決まった方がラクだと思います。とにかく**川上にいる会社であれば、お金ももらえるし仕事もしやすい。**

みくぴっぴちゃん（公式）　私は学生の頃、不動産＝住宅、しかも仲介しか頭になくて。他に選択肢があるとか何も考えてませんでした。だから、住宅以外の不動産に行く学生って頭いいなって思う。**カーストを意識して就活した方が絶対にいい**ですよね。身もふたもないけど、ホントそれに尽きると思います。

C 新卒の就職活動くらいの時期だと、女子の方がよく準備ができて仕上がっているケースが多い気がします。他人から見られるということも意識できているというか。男女ともに、自信をもって飛び込んできてほしいですね。

デベ夫人 男の子より女の子の方が光ってるケースは確かに見かけますね。ただ、優秀な順に採用することはできないので、男性には「伸びしろ」みたいなものが加点されます。

出会いや結婚、福利厚生の実情は？

全宅ツイのグル ちなみに、男性との出会い事情ってどんな感じですか？ 社内恋愛が多かったりします？

みくぴっぴちゃん（公式） **弊社は社内結婚、かなり多いです。同期同士だったり、新卒～2年目ぐらいの子とひとまわり上の男性社員だったり。**

デベ夫人 うちは2割くらいかな。最近の若い女子はほんと堅実なんで、30歳までにさっさと結婚しますね。

C **おじさんの多い部署だと、元気な女の子は社内外含めて飲みに連れて行かれる機会も**

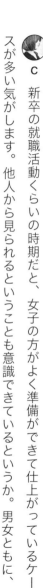

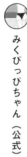

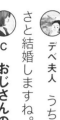

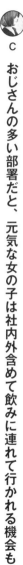

多いので、そこで出会うパターンもありますね。

全宅ツイのグル　不動産業の福利厚生面はどんな感じでしょうか。産休は取れるのか、など。

デベ夫人　うち（大手デベロッパー）はめちゃくちゃいいんですが、業界全般はどうなんでしょう。

C　今は不動産ファンドにいますが、普通だと思います。法定通りです。

みくぴっぴちゃん（公式）　最初に入った仲介会社は女性営業が少なかったので、私の上司が産休をとったのが初めてのケースだったみたいです。今はだいぶ変わったみたいで、仲良かった先輩も2人目を生みました。そういう、**産休・育休を普通に取れる方向に変わっていってる**んだなぁと思いました。

デベ夫人　**女性が戦力になるということを会社も分かってるので、結構優しい**ですよね。

C　産後のことを考えると、職場がテナント営業とかＰＭの現場まわりとかだと、直行直帰もしやすそう。**三菱地所や三井不動産、ＣＢＲＥが特にそうですけど、新しい働き方を自分たちで示していかなきゃっていう風潮があるので、女性はどんどん働きやすくなると思います。**リモートワークの仕組みづくりも進んできていますよね。

デベ夫人　でも、福利厚生がよくても、復帰後に女性同士でもめてる印象があります。資

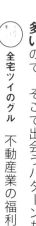

生堂と同じ現象が……。

C　それはどこもそうですね。業界問わず。

全宅ツイのグル　セクハラ事情についても教えて下さい。

みくぴっぴちゃん（公式）　私がいた営業所は所長が女性だったこともあって、社内のセクハラはまったくありませんでした。でも、ほかの営業所の同期はセクハラ・パワハラ受けてたみたいですね。

デベ夫人　**今の40代が定年になるまでは、セクハラがなくならないと思います**よ。女性サイドも甘いじゃないですか。日常茶飯事だから。セクハラって概念を叩きこまれた年代より上が全員いなくならない限りは無理でしょうね。**社内の女性と同じ調子で取引先の女性にセクハラして、処分されたっていうケースもありました。**最近の処分事例はそんなのばっか。

みくぴっぴちゃん（公式）　取引先に「やらせてくれたら発注する」って言われてキレたこと思い出した！

C　そんな人いるんだ……。

みくぴっぴちゃん（公式）　上司に「もう行かない。その分、他の会社で売り上げあげます」と言ったらすんなりOKしてくれたので、大丈夫でしたが。

企業のインターン時に見るべきポイントはココ

全宅ツイのグル　最後に、インターンのときに見るべきポイントを教えて下さい。

デベ夫人　**絶対に見るべきなのは、みんなが帰る時間帯！** 社員の予定が分かるスケジューラーを見ることができたら、休暇を取ってる人が多いかどうかも見た方がいい。あとは**若者と年寄りのコミュニケーションが取れてて、みんなが楽しそうにしてるかどうか。** 年寄りっていっても40代ぐらいかな（笑）。

みくぴっぴちゃん（公式）　そう、**人事以外の人が発するオーラは大事。**

C　就活では難しく語ったりしなきゃいけないけど、**最初の動機なんて「楽しそう！」でいいんですよ。楽しそう、かっこいい、あこがれる、は大事です。**

みくぴっぴちゃん（公式）　うん。「楽しそう！」は大事。でも、私は「楽しそう！」しか見えなくて突っ走るタイプだったから、もっと冷静に、帰る時間とか、表に出ている人以外も見ればよかったなぁと反省もしてます。

C　あと言いたいのは、**今の上司は先にいなくなるし、会社の制度もものすごい勢いで変わる時代だから、やわらかく直感で見ればいい**ということ。**定年までひとつの会社で勤め上げ**

ることも素晴らしいけど、最初に入社した会社が天職だとは限らないし、みなさんには会社を選ぶ権利があるので、もっと気楽に選んだらいいと思います。

Part 6

オフィスでは言えない!? 不動産マンの〝本音〟ツイート集

【入社後】編

こちらのツイート集では、入社後に不動産マンたちが直面した、オドロキのエピソードにクローズアップ。なかには信じられないような違法ギリギリ（？）の出来事もあるが、どれも全宅ツイ会員が実際に体験したものばかりだ。

きょーーーーーーこ
@BeerBlue70

ステ看で連行。カツ丼は出なかった。

10:32 2019年4月2日

はと ようすけ@jounetu2sen 4月3日
返信先@BeerBlue70さん

ステ看板の場合、前科はつかないす。犯罪ではないので。注意です。身柄引き受けに社員が行くだけです。

DJあかい@aka1you 4月3日
返信先@BeerBlue70さん

僕もチラシで通報されて連れていかれても「社名は出すなバイトだって言え」って指導されてましたね。

PM君@officepm 4月3日
返信先@BeerBlue70さん

逆に警察から監視カメラを見せてくれっていうのと、道路の反対側のマンションを張り込むために空室にカメラ置かせてくれっていうのならありました。

グリップ君/全宅ツイ
@kuso_bukken

僕が会社に受かった理由を面接官に入社後に聞いたら「売るかどうかなんて分からないけど、面接終わって帰る時にお前後ろシャツ出てたからウケて採用した」と言われました。

9:32 2019年3月28日

かずお君@kazuo57　3月29日
返信先@kuso_bukkenさん

僕は採用担当になんで取ってくれたのって聞いたら「チャレンジ枠」って言われました。

デベ夫人@devemistress 3月29日
返信先@kuso_bukkenさん

女子の場合は見た目というか雰囲気9割ですねー。美人じゃなくてもいいけどとにかく明るくておおらかで、多少のセクハラも問題視しなさそうな感じの子しかいない。

あくのふどうさん
@yellowsheep

面接の時に約定してた給与の75%だったことがあります。

19:00 2019年4月17日

お鯛@otto_morgen 4月18日
返信先@yellowsheepさん

特に設計事務所は待遇面話さないからやられがち…。

札束くん@fudousanyatan 4月18日
返信先@yellowsheepさん

僕は入社してから見なし残業が無くなって実質給料下がりました。

デベ夫人@devemistress 4月18日
返信先@yellowsheepさん

中小不動産会社に出向してたことがありますが、インセンティブが入る入らないでよくモメているのを見かけましたね。

どケンタ君
@dkentaku

うちは普通に入れ墨をした人が在籍をしています。

14:03 2019年3月17日

かずお君@kazuo57 3月18日
返信先@dkentakuさん

入れ墨はいませんが、胸に銃痕のある先輩はいました。

全宅ツイのグル@emoyino 3月18日
返信先@dkentakuさん

先輩が帰還兵www

リチャードホール@okirerebc 3月18日
返信先@dkentakuさん

前の会社に知り合いいれば、評判はそれとなく聞いたりできますけどね。

杭@real_puppet_man 3月18日
返信先@dkentakuさん

でも本人には絶対に聞けない。

全宅ツイのグル
@emoyino

ぼく［おかしい。一人だけどう考えてもうちの会社に入れん大学の女子おるぞ…］ぼく「（内線）プルルルル…」人事部同期「お〜お前んとこの新人な。お前んとこの部門長から電話きてな、うちの部長がはい！ 内定OKですって言うとったわ」ぼく「……」

19:12 2019年4月5日

コンドル君@condor_kun 4月6日
返信先@emoyinoさん

弊社も偉い人のコネが散見されますね。誰々案件みたいに呼ばれてる。

デベ夫人@devemistress 4月6日
返信先@emoyinoさん

これも最近はないけど少し前まで「預かり」と言って取引先の地主の娘や息子を勉強させるために入社させてたよ。でもそこまでヒドイのはいなくて、みんなそれなりにちゃんと仕事してた。人事もけっこう考えてて、バーターで、その地主会社に天下り先の役職を確保したりしてる。

グリップ君/全宅ツイ
@kuso_bukken

入社後、事務所にアウトレイジに出てきそうなお客様が訪ねてきたとしても、先輩社員に「あの人ヤ○ザですか?」と聞いてはならない。ノーと言えないこともあるので、先輩を困らせてはいけない。

9:04 2019年4月1日

コンドル君@condor_kun 4月2日
返信先@kuso_bukkenさん

アウトレイジ系の来客は何番応接室に通せという社内ルールがあります。接触の仕方がもっとも難しいタイプの来客ですね。

デベ夫人@devemistress 4月2日
返信先@kuso_bukkenさん

これもまた微妙なツイートww カメラ付きの会議室を思い出しますね。これもご時世で、最近は少なくなってきていると思います。

DJあかい
@aka1you

配属された所属長に「履歴書に金が欲しいとか書くバカはお前だけだ」って怒られたことがある。

17:12 2019年4月14日

フォレスト・ダンプ@yh_shiraishi 4月15日
返信先@aka1youさん

鈍感力も大事！

全宅ツイのグル@emoyino 4月15日
返信先@aka1youさん

タバコ吸う？って、ホンマにタバコ吸うたんおまえだけやったわwwwwww って新卒で入った会社で言われましたねw

あくのふどうさん@yellowsheep 4月15日
返信先@aka1youさん

アセットマネージメント業の面接とかで言うと嫌われそう…。

ぷん太
@55openman

シャブで逮捕されてた人がいました。もちろん面接では本人も言わず、こちらも気付かず通過。働き始めてから昔の仲間が「あいつはシャブやってたんだぞ。そんなヤツが普通に働いてるのは許せねぇ」と、会社に毎日のようにイタズラ電話。本人に問い質すと確かに執行猶予中で、それを会社に報告すると「面接で重要な事を告げなかった」という理由で即日解雇。けっこう度胸も営業力もあったので僕としては働いて欲しかったのですが残念です。

14:10 2019年3月17日

全宅ツイのグル@emoyino 3月18日
返信先@55openmanさん

かずお君は何やらかしたんだっけ？

かずお君@kazuo57 3月18日
返信先@55openmanさん

僕は、タクシーの運転手を暴行して傷害に…なってないわ!!!

グリップ君/全宅ツイ
@kuso_bukken

採用された翌月に社長になったことあります。

22:05 2019年3月19日

フォレスト・ダンプ@yh_shiraishi 3月20日
返信先@kuso_bukkenさん

羨ましい。僕はボーナス年2回と聞いて某デベロッパーに入社したのですが、1度もボーナスをもらうことなく半年で辞めさせられました。

リチャードホール@okirerebc 3月20日
返信先@kuso_bukkenさん

まだましですが、僕は私はボーナス年2回って言われて入ったら年1回になってました。

お鯛@otto_morgen 3月20日
返信先@kuso_bukkenさん

知り合いで、採用されたと思って関西から上京して働いてたら、繁忙期過ぎた時に「今までは試用期間だった」って言われてバイトか辞めるか選べってなった人がいます。

全宅ツイ座談会 ④

現役業者必見! オススメ転職先

1社目で積んだキャリア次第で、次に進むべきステップは変わってくる。年収アップなどを実現できる転職について、話を聞いた。

現職別に考える"イチオシ"転職先

現在の職種		転職先
オフィス仲介業	⇨	アセットマネージメント業、または大手ビルオーナー(地方)
プロパティマネージメント業	⇨	アセットマネージメント業

現在の職種		転職先 ①		転職先 ②
中堅以下のデベロッパー	⇨	傘下のリート運用会社	⇨	外資系ファンド

現在の勤務先		転職先
アースウィンド	⇨	ジョーンズ ラング ラサール
ケン・コーポレーション	⇨	外資系ファンド

※座談会出席メンバーはP.50～52を参照

1社目では専門性の高い仕事で実績を作るべし

全宅ツイのグル　業界のカーストを登れたり、賃金がガバッと上がったり。皆さんの中には転職を経験された方も多いと思うので、不動産業界内で転職する場合の、おすすめコースをご披露ください！

デベ夫人　**稼ぎたいのか、まったりしたいのか、肩書が欲しいのか。それによりますよね。**業界大手はめっちゃ血が濃くて、新卒入社じゃないと人権を与えられないので、中途で入った場合はよくて部長止まり。肩書が欲しい人の転職先には向いてない。中途で入社30年経過しても「あの人キャリアだから」って言われる世界観……。「外様」扱いがどうしても抜けないので、優秀な人は次に行きますね。

新宿シュガーレス　**1社目で納得がいかない会社に入っても、専門性高い仕事で実績作って、2社目で不動産金融に行けばどうにかやっていける**と思います。

DJあかい　**プロパティマネージメント（P．152参照。以下PM）の会社に入って、アセットマネージメント（P．146参照。以下AM）の部署へ異動してそのまま居座る**とかも、確率は低いけどアリですね。

杭　今は結構ありますよ。景況感と業務の細分化が重なって、PMからAMに行くというのは割とやりやすいと思います。

リチャードホール　**オフィス仲介業からAM、地方の大手ビルオーナー、財閥系PM、一般事業会社の不動産子会社に転職**するのもいい。

全宅ツイのグル　街の不動産屋さんから大手法人仲介業に転職して、頑張って金主を見つけて独立するというのはどうでしょうか？　大手法人仲介業に入ると業界各社の様子が分かるのはいいですよね。

DJあかい　大手法人仲介業から始めると仕事は一通り分かるけど、その後大きな上がり目が無い印象があります。

杭　知り合いで多い気がするのですが、**ケン・コーポレーションに入社して、英語か営業か、または両方を身に付けて、賃貸系の会社か外資系ファンドへ移る**とかは比較的実例もあるのではないでしょうか。

フォレスト・ダンプ　ケン↓モルガン・スタンレーへの転職は割と多いみたいですね。

DJあかい　ケン↓AMはよく見ます。

デベ夫人　英語がやはり大きいんでしょうね。

PM君　**中堅以下のデベロッパーから傘下のリート（P．153参照）運用会社、その後外資系ファンド**の線もありますね。

新宿シュガーレス　珍しい例だと、証券会社から信託会社、会計事務所、独立系ファンドの役員手前みたいなケースもあります。

不動産マンが英語を話せると年収が…!?

フォレスト・ダンプ　かなりハードルは高めですが、モルガン・スタンレーとかゴールドマン・サックスに入って3年くらい働いて、収益不動産買って30歳過ぎで引退、というのもおすすめ。知り合いに何人もいます。グッチのドアマンからモルスタ入って引退した人もいます。
英語も喋れないし、宅建も持ってないのに。

全宅ツイのグル　英語がそもそも喋れないのにモルスタに入って引退って…。ちなみに大手デベロッパーや信託銀行から外資系に転職していっちょあがりのパターンは、学生の知らないコースでしょうね。

デベ夫人　**ジョーンズ ラング ラサール（以下JLL）、クッシュマン・アンド・ウェイク**

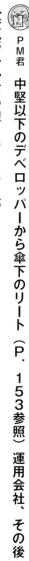

フィールド、コリアーズ・インターナショナル・ジャパン、ＣＢＲＥみたいなアメリカの不動産サービス会社は日本での業務拡大を目指しているので、すごくたくさんの人を採用しているんですよ。この手の外資は名前だけでもハクがつくし、英語を勉強する環境も整ってるので、**何年かかけて英語を身につけて、読み書きとブロークンでも多少の喋りができるようになれば、それだけで次の転職時に年収５００万円アップ**ですね。国内の大手不動産企業も、この４社に対するリスペクト感あります。世界的に見ると日本の不動産が束になっても勝てない会社のデカさ。

全宅ツイのグル　英語ができれば年収５００万円アップ!?

杭　テナントレップ（Ｐ．１５０参照）担当の採用とかは、そんな感じですよね。

全宅ツイのグル　確かに英語が喋れて、わざわざ不動産やりたい学生は少なそうだから実は狙い目かもしれませんね。宅建を取得するより実は重要なんじゃないかっていう。でも、そもそもＪＬＬに転職するにはどうすれば?

デベ夫人　**仲介チームならアースウィンドからＪＬＬという線もなくはない**です。

コンドル君　そういえば何年か前に、外資系不動産ファンドのブラックストーン・グループ・ジャパンが、まったく不動産業務のキャリアを持たない人を英語ができるというだけで

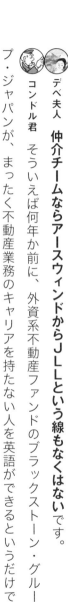

採ってました。ちょっと象徴的かもしれません。

 **フォレスト・ダンプ**　不動産できる人に英語教えるより、英語できる人に不動産教える方が早いですもんね。

 **リチャードホール**　でも、英語話せすぎて考え方まで外国人気質になると、日本の不動産マーケットで戦えないので、そこは気を付けてほしいです（笑）。

Part 7

社長・役員がやらかしまくる！

〝しくじり〟経営陣列伝

魑魅魍魎が跋扈する不動産業界で会社を選ぶ際は会長、社長、役員の人となりをしっかりと見極めるべし！　私利私欲にまみれたブラック社長や間抜けな役員など、ここに挙げた〝しくじり〟例など氷山の一角に過ぎないのだから……。

I社・I社長 愛人を執行役員に抜擢！反対した副社長はクビに

社を支えてきた30年来の大黒柱がまさかの…!

支店に事務として入社した愛人を、本社の新設部署の責任者に起用するなど便宜の限りを尽くしたI社長。最終的には彼女を執行役員にしようとして、30年来のパートナーである副社長にブチ切れられた。それに対しI社長は「クビだよ！」とまさかの逆ギレ。副社長は退任してしまったそうだ。

N社・役員B ゴルフ仲間にうっかり口を滑らせたインサイダー役員

株の配当金に関わる機密情報を暴露

ゴルフ仲間の懇親会の場で、株式の増配（配当金が増えること）について他社に喋ってしまった役員B。実際に株を買ったゴルフ仲間が、証券会社の担当者に「ちらっとね、耳にしたのは」「何ていうか、配当がちょっと増えるという感じ」「そんな噂がしたんでね」などと発言した記録も残っている。

A社・A社長 交通事故を起こして宅地建物取引業者免許が取消に

上場後わずか３週間で営業停止の理由は……

東証マザーズに上場した３週間後、Ａ社長のもとに営業停止の知らせが届いた。理由は、「ゴルフ帰りに交通事故を起こし、相手に重傷を負わせた」として道路交通法違反で執行猶予処分を受けていたことが発覚し、宅地建物取引業者の免許が取り消されたため。執行猶予処分はダメでしょう……。

全宅ツイ座談会 ⑤

隠れた優良不動産企業は？

社名を耳にする機会は少ないながらも、安定した経営基盤を持つ企業が実は存在する。全宅ツイの面々に、隠れた優良企業を聞いた。

この10社が優良!

- **トーセイ**
- **CRE**
- **ケネディクス**
- **日本GLP**
- **オリックス**
- **東洋プロパティ**
- **東和不動産**
- **平和不動産**
- **荒井商店**
- **サッポロ不動産**

※座談会出席メンバーはP.50～52を参照

自社で土地を所有する「地主企業」がキーワード

全宅ツイのグル　不動産業が実は主力になっている飲料メーカーとかマスコミとか、そういう「隠れた」優良企業を教えて下さい。

DJあかい　サッポロビール系列の**サッポロ不動産**は、あまり知られていないかもしれませんがいいと思います。

コンドル君　セコムグループ傘下の**荒井商店**も、有名企業の系列に属する安心感が

ありますね。

デベ夫人 新聞社の不動産部門も何社かありますが、細かい業務は全部外注だしちょっと物足りないかな……。

フォレスト・ダンプ 新卒だと面白くなさそうですよね。

デベ夫人 某大手新聞社の管財部と仕事をしたことがありますが、融通が利かず話がなかなか進みませんでした。

フォレスト・ダンプ 自社で土地を所有している地主企業はつぶれないし、やることなくていいかもしれない。絶対力付かないけど。

DJあかい 地主企業勤めは、土地とかビルの扶養家族みたいな存在よね。

杭 比較的入社できるチャンスがあるという意味では、**トーセイ**とか入ると不況が来てもなんらかの形で生き残れるサバイバル力が付きそうな雰囲気がします。

デベ夫人 ほんとね、間違っても年収ランキングとか見て決めちゃだめですよ（笑）！ 行くなら地主企業！ **東和不動産**は名古屋の地主企業で強いですね。

全宅ツイのグル **東洋プロパティ**や**平和不動産**も地主企業で強いです。

幅広い業務を経験できる企業も狙い目

杭　採用があるんなら、**日本GLP**とかはありだと思います。日本GLPは施設を開発してリーシング（P．153参照）して管理してリート（P．153参照）に卸すみたいなフローが出来上がっていて、**できる業務の幅が広い**。あまり知られていないけど三井不動産や三菱地所の物流事業とほとんど変わらないんじゃないですかね。年中、中途採用してるのは気になりますが。あとはちょっとスケールダウンしますけど、CREとか。

コンドル君　新卒で日系の純粋なアセットマネジメント（P．146参照。以下AM）の会社は**ケネディクス**とアドバンス・レジデンスの運用会社のADインベストメント・マネジメントだけだから、そのルートは貴重でおすすめかも。ケネに新卒で入ってアメリカ支社でインターンして外資に高跳びするルートは超おすすめです。ただ、最近は海外派遣後の転職に対して、縛りがかかるようになったという噂を聞いたので要注意ですが。かなり狭き門だけど、新卒で入るよりは難易度低い。

杭　ケネは知らないけど、新卒でアドレジ行くのは個人的にはあまりおすすめできない印象です。初めて入った会社で上司や先輩から学んだ仕事のスタイルや考え方は、その後にも大きく影響を与えますが、それがリートという業態である点があまりよくないと思うからです。

コンドル君　リートは分業化されすぎてますからね。もう少し**幅広く経験できる方がいい**と思います。ましてアドレジは運用の対象が住宅しかないし。

杭　本当にそう。住宅メインのリートＡＭ会社によくあるんですが、今の期中管理は予算作成も分業化されていて作らないで終わっちゃうケースがあるんですよ。新卒であれを刷り込まれるのはよくない。

新宿シュガーレス　ＡＭという視点だと、私なら**オリックス**を推します。開発も融資も投資もできて、給料は結構いい。ヒューリックより幅があって汎用性が高い。

デベ夫人　問題は、オリックスでその部署に入れるかですよね。

ＤＪあかい　不動産やりたかったのに、債権回収の部署にまわされる可能性がありますもんね（笑）。

Part 8

リアルな生態に密着！

残念な不動産マン24時

不動産業界には多種多様な働き方があり、そこには一般的な目線からこぼれた「残念」な働き方というものも存在する。とはいえ、それこそ不動産企業のリアル。学生では見ることのできない〝あるある〟の一例を紹介しよう。

AM11:00
日中は仕事をせずにひたすらジムに通う不動産営業マン

早朝に家を出て向かうのはオフィスよりジム

ある種の“意識高い系”なのか、仕事のアポがない日はオフィスではなくジムに直行。週3ペースで通うので体は無駄にバキバキに仕上がっている。はち切れんばかりの胸板がクライアントに圧をかけ、交渉に役立つとか立たないとか……。

PM13:00

予定が無く昼寝部屋で寝る不動産会社員

ある意味勝ち組、まったり系不動産の頂点

ランチでおなかがいっぱいになったら仮眠室でお昼寝タイム。同じことを考える社員で仮眠室が混雑することもあるが、主となってしまえばこっちのもの。ぐっすり寝た後は、夕方までぼちぼち仕事をこなして合コンにGO。夜までハッスル。

PM16:00
3時間テナントから怒られ続けるプロパティマネージメント業者

商業施設内のクレームを長時間受け続ける

テナントのクレームを一手に引き受け、1時間でも2時間でも3時間でもお叱り受けます。お店の前であろうが、廊下であろうが、人目も何も関係ありません。……という顔をしながら心の中で泣いている。施設内で見かけたら生暖かい目で見守ろう。

AM0:00
深夜にチラシを撒く中古マンション仲介業者

藁にもすがる思いで地道な顧客開拓は続くよ

「俺がやりたかったのはこんなことじゃない……」とつぶやきながら、足を棒にしてマンションのチラシをポスティング。運が悪ければ通報or職務質問。もちろん残業代は出ない。帰宅後にストロングゼロで晩酌することが日々の安らぎ。

AM4:00
朝まで飲んでる自営不動産業者

深夜の飲みニケーションこそ自営業の地盤

飲みニケーション大好き。不動産屋たるもの、飲まずに何が人脈か、と言わんばかりに地元のおっちゃんらとなじみのスナックで毎晩痛飲。口癖は「店出すなら俺んとこに相談してよ!」。どんなに飲んでも翌日ケロっとしている豪傑さもウリ。

全宅ツイ座談会 ⑥
不動産業者の会食事情

他の業界と比べて、会食が多いのが不動産業界の特徴。そんな業界に長年身を置く全宅ツイメンバーたちの、グルメ事情とは？

会食用のお店選びは「売上貢献」を尊重

全宅ツイのグル　座談会も今回が最後のテーマですね。今回のお題は、「よく行く飲食店」です。

デベ夫人　不動産業者が行く店は口コミ多くないですか？ 誰かの紹介とか。

DJあかい　うなぎネットワークとか牡蠣ネットワークとか、特定のジャンルに詳しい人がいますね。

全宅ツイのグル　**接待で連れてもらったお店がアタリだったりもします**ね。でもイタリアンとはフレンチとかはつらいですよね、お店の雰囲気にそぐわなさすぎて…。

かずお君　下品な笑い方をする人が多くて、げははは!! って高笑いするから（笑）。

デベ夫人　都内でイタリアンだと、「アッピア」とか「ラ・ビスボッチャ」が不動産業者遭遇率が高い気がします。

リチャードホール　大阪だと北新地に現地の不動産屋がやってるお店がいっ

ぱいあるから、そこにいきがちです。

全宅ツイのグル　できれば、同業者がいない場やお店の方がリラックスできますよね。身振りや話し方で、何となく同業者ってひと目で分かってしまうから、店内で気になることもあるし。そして、みんな結構いいものを食べ慣れていて、好き嫌いもあるから接待する場合は気を遣いますよね。

かずお君　海老食べられない人とかね。

フォレスト・ダンプ　おや？

かずお君　デベ夫人がご馳走してくれたのに。

デベ夫人　海老以外も結構残してました、ダンプさん。お寿司屋さんで。途中から女将さんが、困った顔をしてました。

かずお君　海鮮をほとんど食べられないのに、なぜ寿司屋に？

フォレスト・ダンプ　すみません……。

DJあかい　だいぶ詰められてる（笑）。**接待は個室あるところが多い気がします。**

デベ夫人　個室は基本じゃない？

かずお君　取引先で、喫茶店で食べ放題のパンとコーヒーで2時間粘る地主さんが…。

全宅ツイのグル　それはちょっと（笑）。

ＤＪあかい　建て替えの話を酒の肴に、居酒屋に延々といることがよくあります（笑）。

かずお君　新卒で入社したところがデベロッパーだったので、基本的に地主さんとごはんに行くことが多かったんですよね。

杭　プロパティマネージメント業をしていた頃は、**施設のオーナーとの会食でその施設内のレストランに行くことが多かった**ですね。売上貢献という名の元、何があっても否定的な評価は出ないですし。

ＰＭ君　確かに会食だとテナントの店を使いがち。何かと義理立てを優先する機会が、多い気がする。

新宿シュガーレス　最近は大手のデベロッパーも、みんな自社が運営する商業施設で選んできますね。

かずお君　知り合いが、昔勤めてた地場不動産屋の社長が引退して、自社の埋まらないテナントでしゃぶしゃぶ屋始めてから社内の食事が全部そこになって辛かったって話してました。

全宅ツイのグル　つらい（笑）。

リチャードホール　僕は底辺仲介業なので、会食の時は嫌いなものが出てきても、全部食べ

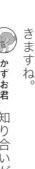

ます。お酒も同じですね。

フォレスト・ダンプ　分かる。

デベ夫人　私の寿司は？

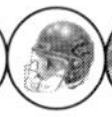
フォレスト・ダンプ　今後はいただきます……。

全宅ツイのグル　**本当に好きな店には、同業者を連れて行かない**のかもしれませんね。

リチャードホール　確かに。

Part 9

全業者の夢！

女性タレント×不動産セレブ交遊録

不動産で財を成せば、モデルやアイドル、タレント、女子アナと付き合うのも夢ではない!? その一例をここで紹介しよう。これから就職活動を迎える若者にとっては信じ難いケースかもしれないが、どんな業界でもデキる男はモテるのだ。

Kyoko Fukada × Hiroyuki Sugimoto

深田恭子 × 杉本宏之
シーラホールディングス会長

奇跡の36歳を射止めた“売上高200億円”会長

2019年1月に交際が発覚。杉本氏はグループ企業7社で売上高200億円を超える「不動産業界の風雲児」だ。5月には銀座の超高級ジュエリーブランド「ハリー・ウィンストン」直営店でのデートもキャッチされており、結婚間近と言われている。

Tomomi Kahara × Kazuhiko Mori

華原朋美 × 森 和彦
飯田グループホールディングス会長

73歳の会長と30歳年下の歌姫の不倫疑惑

華原の複数の仕事を飯田GHDの子会社・飯田産業がスポンサードし、飯田GHDの住宅物件検索サイトのCMソングを華原が歌うなど仕事上の関係は深い。なお、「お父さんのような存在ですから……」と華原は交際の報道を否定している。

Mona Yamamoto × Sei Nakanishi

山本モナ × 中西 聖
プロパティエージェント社長

恋愛キャラの女子アナが選んだ「最後の男」

恋多きアナウンサーとしてお茶の間をにぎわせた山本が最後に選んだ男性は、年商40億円（当時。現在は年商120億円に成長）の不動産会社社長。2010年8月に結婚、2019年6月には第3子を出産し、現在は幸せいっぱいの模様。

面接や試験で役立つ！ 不動産用語辞典

不動産業の就職活動を進めていく中で役立つ基本用語を、厳選して紹介。中にはスラング的なものもあるが、覚えておいて損はない!?

ア行

AM（アセットマネージメント）……顧客（投資家）から預かった資金で不動産を購入し、その資産価値が高まるように管理・運用する事業のこと。その事業全体の中で、不動産そのものを管理・運用する仕事をPM（プロパティマネージメント）と言う。

インセン（インセンティブ）……通常の給与額に上乗せして支払われる報酬のこと。歩合や報奨金のようなもの。

エクステリア……建物の外回りの構造物や設備、環境をすべて含めてこう呼ぶ。具体的には、門扉、塀、外柵、車庫、アプローチ、庭木、物置など。

エビデンス……言葉通り、「証拠」「証憑」の意。不動産業界においては、銀行から融資を受ける際に提出する、必要な源泉徴収票、口座明細などの証明書類を指す。これらは銀行側が支払能力を確認する書類であり、2018年のスルガ銀行による不正融資問題では、その偽造が明らかになり、特に注目を集めた。

エンド（エンドユーザー）……マンションや一戸建てなど不動産を購入し、実際に利用する人のこと。商業施設やオフィスビルに入居するテナントや訪れる消費者を指すこともある。なお、不動産投資の世界では購入した不動産を転売せずに、長期に渡って保有する買主のことを指す。

カ行

瑕疵（かし）……キズ、不具合、欠陥のこと。住宅の瑕疵の場合、具体的には、雨漏り、主要な木部の腐食、シロアリの被害、給排水管の故障などを指す。

キックバック……不動産業者が、売買代金や仲介手数料などの正規の報酬以外で受領する金銭。

客付業者……賃貸物件を借りたい人や不動産を買いたい人をサポートする仲介業者のこと。ちなみに、空室を埋めたい、または物件を売りたいと考えているオーナーをサポートするのは「元付業者」という。

建ぺい率……敷地面積に対する建築面積の割合。例えば、建ぺい率が70％と指定された100平方メートルの敷地には、建築面積70平方メートルまでの建物が建築できる。ちなみに、「容積率」は敷地面積に対する延床面積の割合。

小口化商品……不動産小口化商品の意。特定の不動産を小口化（例えば1億円の物件を100万円で100口に設定）して口数単位で販売し、購入者は不動産から得られる家賃収入などを口数に応じて得ることができる。

コワーキングスペース……オフィスやデ

スク、打合せスペースなどをシェアして使う、オープンなワークスペースのこと。それぞれが独立した仕事を行ってはいるが、価値観が合うワーカー同士はコミュニティを形成し、お互いに影響を与え合うこともある。

サ行

サービサー……債権回収会社の略称。貸主に代わって借主からお金や不動産資産を回収する。

サブリース……大家から土地や物件を借り上げ、運用や管理を一手に引き受けて、それを第三者にまた貸しすること。

三為士……「第三者のためにする契約（サンタメ契約）」と呼ばれる、不動産取引の一形態を得意とする不動産業者を揶揄した呼び方。不動産の所有者とサンタメ契約を締結した三為士は、サンタメ契約の金額よりもはるかに高い金額の売買契約をエンドユーザーと締結し、エンドユーザーから受け取った売買代金の一部によって、所有者とのサンタメ契約の売買代金を支払う。この売買代金の差額が三為士の利益となり、通常の仲介手数料（売買代金の3％相当額）より利幅がかなり大きいのが特徴。

CRE……Corporate Real Estateの略。つまり、企業が保有する不動産のこと。

証券化マスター……不動産証券化協会認定マスターの意。証券化とは、一定の土地やビルなどに対して、その資産価値や収益を裏付けにして小口に分けた有価証券を発行し、資金を集める手法の一種。例えば入居しているテナントから定期的に家賃収入が見込めるビルを証券化して、投資家に安定した配当をもたらす。

ステ看……電柱などに設置されている「使い捨て看板」のこと。マンションや戸建販売の宣伝に使用される。無許可で設置された看板は、軽犯罪法や道交法に違反しているので注意。

専有面積……マンションなどの複数のスペースで構成される建物において、それぞれの空間の所有者が単独で所有する床面積を指す。ちなみにバルコニー部分は法律的には共用部として扱われるため、数値には算定されない。

SOHO……Small Office Home Officeの頭文字を取ったもの。小規模なオフィスや自宅を仕事場とする働き方、またはそういう労働形態を選ぶ人のための仕事場のこと。

タ行

タコる……契約ゼロ、売上ゼロの時に使うスラング。例「今月はこのままだとタコる」。

宅建……国家資格である宅地建物取引士

資格のこと。この資格を取得することで、消費者への不動産取引の重要事項の説明や、宅地や建物の公正な売買、賃借の取引など、不動産取引の専門家（宅建士）にしか行えない業務を行うことができる。難易度が高いことから合格率は低く、例年15％前後と言われている。

テナントレップ……主に外資系企業をクライアントとしたコンサルティング事業。事務所の移転、または日本進出を図る際に、その短期的・長期的な事業戦略を実現させる為に、適切なオフィス選びをはじめとしたアドバイスを行う。オフィススペースの提案はもちろんのこと、クライアント企業の代理的な立場での賃貸借契約の締結サポート、アフターケアなど、幅広いサービスを行う。

デベ（デベロッパー）……土地を取得してマンション、オフィスビル、商業施設などを開発する不動産会社。ちなみに「ゼネコン」は建物を建てる工事を請け負う建設会社。デベロッパーが土地を購入して開発プランを立て、ゼネコンがそれを実際に作りあげるイメージ。

電ビラ……電信柱に貼ってある不動産広告のこと。電チラともいう。ステ看と同様、軽犯罪法などに触れるので注意。

登記簿謄本……土地、建物所有者や借入金、面積や構造などが記載された証明書。

動線……人や物が、建物や部屋の中を移動する経路。住宅やオフィスの設計の際には、スムーズに無駄なく動けるような動線作りが重要視される。

ナ行

延床面積……建築物の各階の床面積を合計した面積。吹き抜けのような床がない部分、天井高1・4m以下のロフト、外部の階段などは延床面積に算入しない。

ハ行

BM（ビルマネージメント）……建物のハード面の管理を行う仕事。日常・定期清掃、電気設備・給排水設備などの保守管理、点検、営繕工事などを行う。

FM（ファシリティマネージメント）……土地、建物、施設の什器、そしてそれらが形成する環境（執務空間、居住空間）を総合的にマネージメントする仕事。解体までの将来を見据えてコストの最小化や価値の最大化を図る。

不動産テック……ITの活用で不動産売買、賃貸、投資の新しい仕組みを生み出したり、従来の商慣習を変える新しい取り組みのこと。VR（バーチャルリアリティー）による物件の内見や、リアルタイムでの物件査定など多岐のジャンルで進行している。

フルコミ（フルコミッション）……完全歩合制のこと。インセンティブの場合は基本給に上乗せして仕事の成果に応じて賃金が支払われるが、フルコミの場合、基本給はない。

ブローカー……不動産売買の仲介をする人のこと。

PM（プロパティマネージメント）……AM(アセットマネージメント)の欄参照。

ホールセール……大手法人向けに、比較的大型の不動産の売買仲介を行う業務。大型の不動産の購入や法人の保有している不動産の売却、有効活用などを提案する。対して、個人向けの小規模な取引をリテールと呼ぶ。

マ行

元付業者……客付業者の項参照。

免許……都道府県知事または国土交通大臣が発行する、宅地建物取引業の免許。宅地建物取引業とは、主に一般への宅地建物の売買・交換、および宅地建物の売買・交換・賃借の媒介や代理を意味する。宅地建物取引業者は、事務所ごとに5名に1名の割合で専任の宅地建物取引士（宅建の欄参照）を置かなければならない。

ラ行

ライフライン……電気・ガス・水道等、通信設備、交通機関、物流手段など、日常生活を維持するための設備。

リーシング……オフィスビル、賃貸マンション、商業施設などの賃貸物件の借り手を探してくる業務。できるだけ高い賃料で、建物の全体の価値が上がるような借り手を見つけるために広告活動や営業活動を行い、借手と貸主の間で賃貸借契約の締結などの仲介を行う。

リート（REIT）……real estate investment trustの頭文字を取った、金融商品の一種。不動産投資信託のこと。投資者から集めた資金で不動産への投資を行い、そこから得られる賃貸料収入や不動産の売買益を原資として投資者に配当する商品。日本国内のリートは一般的に「J－REIT」と呼ばれる。

リテール……ホールセールの欄参照。

レインズ……「Real Estate Information Network System」の略称で、不動産流通標準情報システムのこと。不動産会社だけが利用できる不動産サイトで、現在市場に出ている物件の情報や、過去に売れた物件の成約価格を閲覧できる。

レジデンス……住居や住宅のこと。高級マンションの名前に使われたり、高級マンションそのものをこう呼ぶこともある。

あとがき

この本をつくってみて、わしが就職活動してる時もこういう本が欲しかったと思うたわ。

やれ企業研究や、人事部と座談会や、OB訪問や言うても、彼らも立場あるサラリーマンや。ええことしか言えんやろ。赤裸々に先輩たちの声が聞けるいうんは、学生の君らのイメージと実際のギャップが激しい不動産業界の就活本としてはすごいええことや思うな。

不動産業界に興味持ったら、ツイッターで全宅ツイのメンバーをフォローしたらええわ。財閥系から街場のブローカーまで、不動産屋さんが日々考えてることが分かるはずや。

あんまり大きな声で言いたくはないんやけど、２０１９年時点で不動産相場はピークアウトしてしもてる。読者のみなさんが就職して不動産の大海原へ漕ぎ出した頃には、もっと相場は下がり、取引の数も減って凪のような相場になってるかもしれん。

まぁそれはしょうがない。自分が不動産業界に入る時の不動産相場は、選べるもんではないんやから。そして相場は循環するもんや。悪い時を知っといたらええ時の喜びは倍になる。相場のええ時に入ってそれしか知らんやつよりは、転んだときの傷が浅い。

人があるかぎり、不動産業界も不滅や。今と姿は変わっとるかもしれんけど、希望と野望に溢れた君たちを慰めてくれるぐらいの懐は必ずあるのが不動産業界や。

君らん中にはこれまでぱっとせんかったやつもおるやろう。ぱっとせん家に生まれてぱっとせん高校や大学入って。それが不動産業界で成功したら全部チャラや。人種、信条、性別、社会的身分又は門地関係なしに儲けたやつが偉い。最後の一発逆転のチャンスが君等の目の前にあるんや。

それにな、新しいお家を買った人にな、鍵渡す時いうんは、ホンマにええ顔するんや。わしも笑顔になるがな。人を笑顔にする仕事、ええがな最高や。

最後にひと言。

就職活動いうんは、うまいこといかんと結構消耗する。これまでうまいこと進学してきたヤツとかは特にや。

でも、気にせんでええんやで、どっかの会社に落とされても。ちょっと倍率しらべてみいや。受かる人のほうが遥かに少ないんや。気にするな。

落ちてもそれは君の能力が低かったからなのではなくて、たまたまその会社の社風や人の好みと君が合わなかっただけやから、落ち込まずに就職活動がんばれ。

会社ごとに、働いている人のタイプや働き方、何を重んじるかのカラーがあるからな。愛の告白とおなじや。男前がフラれてブサイクが絶世の美女と付き合うこともあるやろう。がんばりや。

令和元年9月吉日

全宅ツイのグル

STAFF PROFILE

本書でマンガやイラストを製作してくれた、
スタッフのプロフィールを紹介。
ツイッターなどから他の作品もチェックしてみよう。

大江しんいちろう

カバー、P.8～17「不動産マンの就活体験記」を担当。ギャグ漫画家。作品に『私立ポセイドン学園高等部』(週刊少年ジャンプ・集英社)、『英雄! シーザーさん』(別冊少年チャンピオン・秋田書店) など。
Twitter : @s_ooe

ツチヤタケシ
[VANGUARD GRAPHICS]

P.19「不動産業界カースト図」、P.50「全宅ツイの座談会コラム①」、P.88～97、108～117「不動産マンの"本音"ツイート集」を担当。イラストレーター。ゲームなどのグラフィックを中心に活躍中。
Twitter : @VG__OFFICIAL

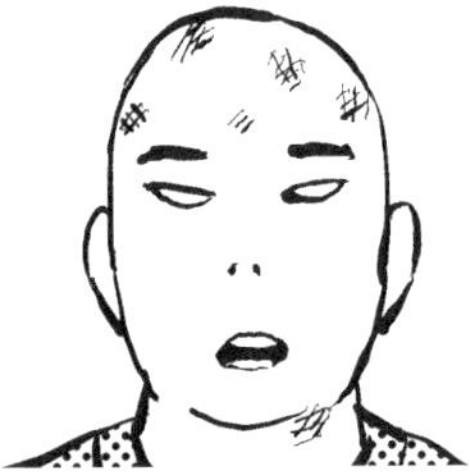

相島桃志郎

P.124～127「"しくじり"経営陣列伝」、P.132～137「残念な不動産マン24時」を担当。漫画家。作品に『ボーイミーツ仏ガール』(ミラクルジャンプ・集英社)、『輝夜月のルナマンガ!』(角川書店) など。
Twitter : @AI_momo26